자멘호프

국제어 에스페란토 창안자

마조리 볼튼 저
정원조 번역

Zamenhof

CREATOR OF ESPERANTO

by
MARJORIE BOULTON

Routledge and Kegan Paul
LONDON

2008년 노벨문학상 후보자가 쓴
국제어 에스페란토 창안자 일대기

자멘호프

국제어 에스페란토 창안자

마조리 볼튼 저
정원조 번역

진달래 출판사

루드빅 라자루스 자멘호프
(1859 –1917)

목차

머리말

루드빅 자멘호프 이야기는 두 가지 이유에서 읽을 가치가 있다. 어린 시절부터 인종 차별의 공포와 전쟁의 참혹함에 시달렸지만, 단순히 그것을 탓하는 데 그치지 않고 인내와 평생의 헌신과 노력으로 인류의 가치에 긍정적으로 기여한, 한 지적인 남자의 이야기이기 때문이다.

또한 이상의 실현을 위해 자신을 바쳤지만, 종종 이상주의를 악으로 몰아넣는 유혹을 멀리했던, 성숙한 인간의 이야기이기 때문이다. 이 이야기는 열광주의자들의 고함, 균형감의 상실, 파괴적인 조급함, 메마른 교조주의, 독선, 인간성의 상실, 희망의 교훈을 비롯해 많은 교훈을 담고 있다. 자멘호프는 지적, 심리적, 도덕적으로 흥미로운 인물로, 이 책은 루드빅 자멘호프 개인의 삶과 그가 창안한 국제어 에스페란토에 관해 다루고 있다. 이 책에서 다루고 있는 관점은 내 자신의 견해며 에스페란토 운동 전체의 견해를 대변하지 않는다.

이 책을 쓰는 동안 나는 많은 분들로부터 놀라운 친절, 풍부한 자료, 아낌없는 정보 공유를 받았다. 자멘호프의 원저들을 아무 대가 없이 사용할 수 있게 해준 국제 에스페란토 학회, 자멘호프의 출판된 서간들을 조건 없이 발췌, 쓸 수 있게 해준 가스통 와링겐과 S.A.T (세계무정부주의자연맹)에 감사드린다. 자신이 직접 수집한 방대한 정보를 넘겨 준데다 책의 초고까지 읽어주고 유용한 제안을 해준 노먼 윌리엄스에게 매우 특별하고 놀라운 감사를 표한다.

세세한 부분에 이르기까지 도움을 주신 분들을 포함해 모든 분들에게 일일이 감사드릴 수 없지만 이 책이 나올 수 있도록 도움을 주신 모든 분들께 내가 단순히 감사하는 것이 아니란 점을 믿어 주시기 바란다.

지금까지 에스페란토 운동 밖에서는 거의 알려지지 않은 이 비범한 인물의 삶이 많은 독자들에게 흥미를 줄 수 있기 바란다. 이 책을 쓰면서 나 자신의 경험을 통해 어떤 사람들에게는 위로가 되고, 인간 존재가 때때로 예상치 못한 통찰력, 합리성 및 연민을 줄 수 있다는 희망을 갖게 되었다.

마조리 볼튼

역자의 말

　놀랄만한 속도로 세상이 변하고 있다. 특히 인공지능의 발전은 상상 초월의 미래를 앞당기고 세상을 전례 없는 변화의 소용돌이에 몰아넣고 있다. 기술의 발전은 이제 우리가 문제를 이해하고 해결하는 모든 방식을 근본적으로 변화시킬 것이다. 특히 외국어 문제는 기계번역 기술의 놀라운 발전으로 불원간 언어 장벽의 문제는 더 이상 존재하지 않게 될 것이다. 그렇다면 이런 시대 상황에서 국제어 에스페란토의 미래는 어찌 될 것인가? 국제 보조어로서의 효용을 잃고 점차 사멸의 길을 갈 것인가, 아니면 어떤 이유로든 살아남을 것인가?

　이에 대한 답은 자명하다. 에스페란토는 단순한 의사소통 도구로서만의 언어가 아니기 때문이다. 자멘호프가 창안한 에스페란토는 문화적, 이념적, 철학적 가치를 지닌, 언어 그 이상의 것이다. 에스페란토는 영어 같은 정치, 경제의 힘을 바탕으로 만들어진 국제어가 아니며, 중립적 토대 위에 다양한 문화의 교류, 인류의 공동 번영, 이해와 평화를 구현하기 위해 창안된 언어다. 국제어 에스페란토가 갖는 이러한 독특한 정신과 특징은 단순 언어의 기능을 넘어서는 것으로, 기계번역이나 자연어가 대체할 수 없는 부분이다.

　이 책은 국제어 에스페란토의 창안된 시대 배경, 창안 동기, 언어 이면에 깔린 내적 정신에 대해 창안자 자멘호프 박사의 치열한 삶을 통해 알려주는 책이다. 나는 이 책을 통해 에스페란토의 참 정신과 철학을 소개하기 위해 이 책을 번역했다. 저자 마조리 볼튼 여사는 칼로차이, 바링겐, 율리오 바기 같은 세계적 에스페란토계 거목들의 반열에 나란히 서신 분으로 에스페란토를 예술, 문학 방면의 차원 높은 언어로 끌어 올린 분이다. 평생 대학교수, 시인, 작가로 재직하며 영어와 에스페란토로 많은 저작을 하셨고, 특히 영문학 저술 활동으로 2008년 노벨문학상 후보에 오르기도 하셨다.

내가 이 책을 한국인 독자들에게 알리고 싶다고 저자에게 번역 허락을 요청 드렸을 때 기꺼이 승낙의 편지를 써 주신 것을 깊이 감사드린다. 다만 책의 출간이 개인적 사정으로 생각보다 많이 늦게 나와 그 사이 고인이 되신 저자께 출간 소식을 드리지 못하게 되어 아쉽고 죄송스러운 마음이다.

이 책은 1960년 런던에서 첫 출간된 영문판 "Zamenhof, Creator of Esperanto" 를 번역했고, 2년 후 저자가 에스페란토로 증보 보강해서 쓴 "Zamenhof, Aŭtoro de Esperanto'' 를 참조해 번역한 것이다. 나 자신은 영어 전공자가 아니어서 원서의 유려한 문장들을 제대로 한국어로 옮겼는지 부끄럽지만 어려운 부분이 있을 때는 에스페란토 판을 참조해 도움을 받았다. 번역작가의 수준에 못 미치는 다소 매끄럽지 못한 부분이 있다면 독자 제현의 넓은 아량과 이해를 부탁드린다.

2024년 2월

북한산 예맥당 서재
역자 뿌라모 정원조

1장 이성과 사랑

국제어 에스페란토의 창안자 루드빅 라자루스 자멘호프, 그는 1859년 12월 15일 러시아령(領) 폴란드 비아위스토크의 지엘로나가(街) 6번지 허름하고 누추한 2층 목조가옥에서 태어났다.

아버지 마르쿠스가 스물 둘, 로잘리가 열 아홉일 때였다. 인류에게 루드빅 자멘호프를 선사한 이 한 쌍의 부부는 화목하고 행복했지만 겉으론 잘 어울려 보이지 않았다. 마르쿠스 자멘호프가 지성과 이성, 근면함과 냉철함을 지닌 인물이었다면, 아내 로잘리는 사랑과 인내심, 직관력과 감수성을 갖춘 여인이었다. 두 사람의 이성과 지성, 사랑과 감성을 아들 루드빅 자멘호프가 조화롭게 물려받았다.

언어교사였던 마르쿠스는 유대인이었지만 유대주의를 추종하기보다 하나 되는 인류 공동체를 꿈꿨다. 당시 러시아 통치령 폴란드에 살던 유대인들은 남다른 부지런함과 올곧은 처신으로만 살아남을 수 있었다. 아들 라자루스는 알렉산더 2세가 재위하던 비교적 자유로운 시대에 태어났지만 아버지 마르쿠스는 니콜라이 황제 1세의 혹독한 통치 체제 속에서 성장했다. 마르쿠스의 냉정한 엄격함, 교조적 태도 중 일부는 그의 작은 키, 안경 쓴 평범한 외모에 대한 일종의 보상일 수도 있었다.

거의 독학이었지만 마르쿠스는 히브리어와 역사, 종교에 박식했고 뛰어난 언어학자였다. 깔끔하고 세심하고 정확하고 관습적인 인물이었다. 그는 늘 반듯이 처신했는데 예컨대 그의 작은 콧수염은 정확히 좌우로 대칭되었고 제복의 단추들은 늘 반짝거렸다. 원고에 잉크 자국이 번져 더럽혀지는 일은 결코 없었다. 유감스럽게도 그는 가족 간의 친밀감조차 바른 행동, 엄격함으로 경직시켰다. 잘못 행동한 자녀에게 그가 즐겨 선택한 벌은 늘 다음 끼니를 굶기는 것이었다. 식사 시간이 되기 전에 빵을 달라 조르는 것은 옳지 못한 행동이었다. 마르쿠스는 혹독한 꾸중과 체벌로 자녀들에게 모범적 행동을 교육했다. 자녀들은 아버지를 순종했고 아버지가 받을 만한 그 이상으로 잘 따라주었다. 아이들은 자주 아버지 손등에 키스했는데 그가 그렇게 교육했기 때문이었다. 오랫동안 자녀들은 아버지를 두려워했다. 마르쿠스는 전제 군주와 같았고 엄격한 심판과 규율로 움직이는 인물이었다.

마르쿠스는 아내 로잘리에게만 자신의 내적인 온화함을 표현했다. 유대 여인의 한 사람으로 로잘리는 괴로움 속에서 고통보단 자비심을 배웠고 사랑과 헌신의 내면에 감춰진 존엄과 자유를 발견할 줄 알았다. 남아 있는 그녀의 초상화를 보면 하이네의 다음 글이 그녀를 가장 잘 표현하고 있다.

"대개의 히브리 여인들에게서 발견되듯 그녀의 용모는 너무나 아름다웠다. 유대인들이 당하는 굴욕과 비참함, 주변 친척과 친구들이 당면하고 있는 고통을 자각하고 있었기에 그녀의 매력적인 외모는 고민스런 진지함과 세심하면서도 사랑스럽고 애처로움이 곁들여져 보는 이들의 마음에 신비로운 마력을 더해 주었다."

형식적이고 현학적이었던 남편과 대조적으로 로잘리는 사랑과 염려스러움에 빛나는 검고 큰 눈, 크고 관대해 보이는 입, 풍부한 흑색 머리카락을 갖고 있었다. 자녀에게 "모든 인간은 하나님의 자녀"라 가르쳤고 그 자신도 그렇게 믿었다. 신앙심 깊고 사랑스런 여인이었다.

바르샤바에서 살던 어느 날, 식구들이 식사하는 동안 벌을 받던 한 아이가 아빠 마르쿠스의 명령으로 어두운 서재에 남아 울고 있었다. 하녀 마리아가 음식을 몰래 가지고 방으로 들어가 말했다.

"엄마가 이게 마지막이라고 그러셨어."

울던 아이가 벌을 받고 어두운 서재에서 더듬거리며 나오면 엄마 로잘리가 밖에서 기다리고 있다가 따뜻한 말과 키스로 달래주었다. 그건 무거운 벌보다 훨씬 효과적이었다. 아이들은 어머니를 깊이 따랐다. 자멘호프 가문 아이들은 대체로 뛰어난 지적 능력을 타고났는데 마르쿠스의 아들, 손자들은 나중에 모두 유능하고 특출한 전문인으로 성장했다. 분명친 않지만 노벨 과학상 수상자 니콜라이 세묘노프가 자멘호프의 먼 친척이라는 말도 전해진다.

'자멘호프'는 '씨앗의 뜰' 혹은 '씨앗의 토지'를 의미하는 '사멘호프'의 독일어 어원에서 나온 말이다.

뿌리고 또 뿌리나
절대 지치지 않네
백 개의 씨앗이 잃어지고
천 개의 씨앗이 사라져도
뿌리고 또 뿌리네
지치지 않고

「길」 중에서

어릴 때부터 라자루스는 키가 작았고 허약했다. 얼마 되지 않아 부모는 이 아이 역시 근시인 걸 발견했고, 자멘호프는 일생 안경을 써야 했다. 유대인이면서 근시안, 허약한 어린이 자멘호프는 너무 일찍 열등의식, 굴욕감, 신체적 고통, 그리고 상처 같은 것들과 친숙해졌다.

1860년 여동생 사라가 태어나고, 1862년 둘째 여동생 파니아가, 1864년 셋째 여동생 아우구스타가 태어났다. 나이에 걸맞지 않게 똑똑했던 라자루스는 다섯 살 쯤 이미 읽고 쓸 수 있었다. 어린 동생들에게 모범이 돼야할 책임감 때문에, 1868년 남동생 휄릭스가 태어나고부터 라자루스는 지나치리만큼 온순하고 순종적인 소년이 되었다. 다른 어린 동생들에게 엄격했던 아버지조차 진지하고 모범적인 장남 라자루스를 어렵게 생각하곤 했다. 라자루스는 단지 두려움 때문에 온순한 것은 아니었고, 때때로 어른스런 위엄과 놀라운 결단력을 보여주었다. 자멘호프의 집에서 무언가를 깨뜨리는 것은 엄청난 죄였다. 어느 날 아이들이 정신없이 뛰놀다 책상 위의 개 모양 석문진을 떨어뜨려 두 조각냈다. 미처 누가 그랬는지도 모르고 아이들이 당황하고 있을 때 아버지가 엄한 얼굴을 하고 들어와 떨고 있는 아이들에게 물었다.

"누가 그랬니?"

라자루스가 침착하고 어른스레 나섰다. 단호한 어조였다.

"제가 했습니다."

아빠는 벌할 수 없었다. 라자루스가 보여준 용기와 솔직함 때문이었다. 라자루스가 바르샤바에 있는 학교에 다닐 때 일이다. 갓 입학한 개구장이 막내 휄릭스가 모자를 쓴 채 교실로 뛰어들어오다 화가 난 선생님한테 모자를 뺏겼다. 휄릭스는 감히 모자 없이 집에 돌아갈 수 없었다. 그 때 형 라자루스가 선생님께 가서 동생이 아직 예절을 모르는 신입생이라고 대신 잘못을 빌며 공손히 모자를 청했다. 선생님은 모자를 되돌려주며 어린 휄릭스에게 말했다.

"형께 고맙다 해. 그리고 형을 닮아. 학교에선 네 형이 자랑거리니까."

조숙하고도 모범적이었지만 신경질적 완벽주의자는 아니었다는 건 라자루스의 누이와 동생들 모두 그를 몹시 사랑하고 따랐다는 사실이 증명한다. 라자루스는 동생들에게 아버지가 갖지 못한 온화함과 따뜻한 이해심으로 대해 아버지 다음의 존재였다. 학교에선 라자루스를 '남작'이란 별명으로 불렀는데 놀리는 말이 아니라 라자루스의 침착함과 신사다움 때문이었다.

작고 불편한 집에서 성장하는 아이들을 돌보며 일찍부터 로잘리는 건강을 해쳤다. 1870년 라자루스가 겨우 열 살이었을 때, 치명적 질병으로 막내 사라가 세상을 떠났고 고통스러워 하는 엄마의 모습을 봐야 했다. 그러나 식구들의 고통과 질병, 가정의 엄한 규율, 비좁은 집안, 이런 것들만 감수성 예민한 소년 라자루스의 마음을 괴롭히는 게 아니었다. 집 밖에서 그는 또 다른 고통의 모습들을 보고 경험하면서, '왜 인간은 서로가 서로를 증오하며 사는 걸까' 하는 질문을 품었다.

폴란드 전역에 전제통치와 불의가 만연했지만 유독 '리투아니아 지방'에서는 박해가 극심했다. 비아위스토크는 리투아니아 영토 그로드뇨 지방에 속했고 주로 폴란드인, 백(白)루테니아인 그리고 유대인들이 거주했다. 러시아령이었던 당시, 독일인들이 점증하는 경제생활의 중요한 몫을 담당하고 있었고, 리투아니아인은 북쪽 지역에 거주했다. 차르 통치체제는 러시아인들을 박해했으나 폴란드인들에 가하는 박해는 이보다 훨씬 극심했다. 라자루스가 아직 어릴 때인 1863년, 폴란드에서 봉기가 일어났다. 악명 높은 '교수형 집행자'로 불리던 신임총독 무라비요프(1796~1866) 통치 하에 있던 비아위스토크에서 폴란드 국적의 사람들은 숨통이 졸렸고 학교에서는 우민화 정책이 강요되었다. 바르샤바 대학이 문을 닫았고 대신 러시아령 대학으로 대치되었다. 폴란드 전 지역에서 폴란드 문화가 박해받았고 대학의 강의와 심지어 폴란드 문학까지도 러시아어로 쓰여졌다. 모든 학교 교육은 러시아어로 행해졌고 이에 따라 폴란드인 5분의 1이 문맹이 되었다. 아름다운 폴란드 민족의상, 국기, 노래, 국가 표지 등이 금지되었다. 폴란드 중요서적들은 암매매를 통해서만 구할 수 있었다.

폴란드 언어는 연극공연에선 허용됐지만 리투아니아 지방에서는 그나마도 허용되지 않았다. 빌나지방에서는 폴란드어가 거리에서 사용되는 것조차 금지되었고 비아위스토크에서만 약간의 융통성이 허용되었다. 차르 통치하의 전역에서 변덕스럽고도 무지막지한 검열이 숨통을 조였다. 1880년에서 1890년 사이 폴란드를 방문했던 덴마크 학자 조지 브란트에 따르면 폴란드 국경에서 세관원들은 자기들이 잘 모르는 책은 무조건 바르샤바 검열관에게 보냈고 대중강연은 사전검열을 받고 강연자가 사전 허가된 내용 외의 말을 하지 않나 확인하는 검열관이 강연장에 배석하였다. 작가들은 은유나 우화로 생각을 전달하려 했는데 워낙 검열이 심해 심지어 요리책에 "활활 자유로이 타오르는 불로 끓인……"이란 대목에서 '자유로운'이란 표현 때문에 삭제 당했다. 그러나 이런 폴란드인들의 고통에 비해 유대인들은 훨씬 더 혹독한 억압을 받았다.

중세 때 타 지역에서 억압받던 많은 유대인들이 폴란드로 피난해 왔다. 당시엔 장사꾼이나 기술자들만 정착이 허용됐고 이 때 히브리 전통, 유대 언어, 독특한 의상, 풍습이 함께 들어왔다. 비아위스토크는 1791년 처음으로 공식 승인된 유대인 거주지였고 그곳서만 러시아계 유대인들이 정착할 수 있었다. 그로드뇨 지방에는 독일어를 사용하는 유대인 공동체도 있었는데 라자루스는 거리에서 비아위스토크 공식 언어인 러시아어 외에도 폴란드어, 독일어, 이디시어를 들을 수 있었다. 어머니 로잘리와 함께 다닌 유대 예배당에선 히브리어를 접할 수 있었다. 피압박 상황이었지만 폴란드인, 유대인들은 민족의식, 모국어 의식이 투철했다. 유대인은 항상 희생당하기 마련이었고 언제 정부에 의해 속죄양이 될지 모를 어려움 속에 처해 있었다. 1861년 이후, 의사나 대학 석·박사 학위를 소유한 유대인들은 러시아 제국 안에선 어디든 가족들과 약간의 고용인과 함께 거주할 수 있도록 허용되었다, 따라서 당시 유대인들의 최고 희망은 의사가 되는 것이었다. 한편 중등교육 과정을 마친 유대 청소년들은 진학을 위해 '유대인 거주지'를 떠날 수 있도록 허용되었다. 이러한 상황 여건 때문에 아버지 마르쿠스는 잔인할 정도로 자녀들에게 엄격한 공부를 강요했다.

감수성 강한 소년의 눈으로 어린 루드빅 자멘호프는 유대인과 비유대인 어린아이들이 서로 쫓고 때리고 돌팔매질 하며 싸우는 광경을 보곤 했다. 러시아 군인들이 폴란드어를 못 쓰게 억압하는 장면도 보았다. 거리에선 아이들이 유대인 음식을 암시하는 '아일로(마늘)'라고 유대인 소년들에게 소리치며 모욕했다. 유대인이 지나갈 때 침을 뱉거나 힘없는 유대 노인을 보도 밖으로 밀어 넘어뜨리는 사람도 있었다. 사람들은 유대인들이 자기들의 종교 제례를 위해 기독교도 어린애를 죽였다고 수근거렸다. 언젠가 비아위스토크 거리에서 기독교도의 한 어린이가 사라졌을 때 주변 유대인들은 아이가 발견될 때까지 질식할 정도의 공포를 겪어야 했다.

어머니 로잘리는 라자루스에게 모든 인간은 누구나 하나님의 자녀라고 가르쳤지만 집 밖의 현실은 달랐다. 어린 라자루스에게 이것은 오랜 수수께끼였다. 자멘호프가 1895년 러시아 에스페란티스토 보로프코에게 쓴 편지에서 자신이 어릴 때 겪은 경험을 이렇게 썼다.

"나는 그로드뇨 지방 작은 소도시 비아위스토크에서 태어났습니다. 내가 태어나 소년기를 보낸 그곳은 내가 장래에 이뤄야 할 목표와 방향을 정해 주었습니다. 비아위스토크에는 러시아인, 폴란드인, 독일인 그리고 유대인 등 다양한 종족들이 섞여 살았고, 그들은 각기 다른 언어를 사용했으며 서로가 서로에게 적대적이었습니다. 다른 어느 곳보다 비아위스토크는 언어가 많이 달랐고, 나는 이 언어의 다름이야말로 인간 공동체가 서로 오해하고 적대하게 만드는 원인이라 생각했습니다. 이러한 환경이 나를 이상주의자로 만들었습니다. 모든 인간은 한 형제라고 배웠지만 거리나 광장에는 형제 아닌 오직 러시아인, 폴란드인, 독일인, 유대인만 존재했습니다. 사람들은 당시의 소년이 느낀 '세상의 고통'에 대해 비웃을지 모르지만 내게는 엄청난 고통이었습니다. 어른들은 무엇이든 할 수 있을 거라 믿었던 나는, 어른이 되면 반드시 이 악을 없애 버리고야 말겠다고 다짐했습니다."

언젠가 거리에서 사람들의 말싸움 장면을 목격했다. 한 농부가 루테니아어로 소리치며 저주를 퍼부어대는데 이번엔 상인이 이디시 말로 큰 소리로 대꾸했다. 폴란드, 러시아 어린애들이 달려와 구경하고 있는데 그때 창문에서 갑자기 아름다운 남자 목소리의 노래가 들려왔다. 사람들이 마법에 걸린 듯 조용해졌다. 그렇다! 음악은 일종의 국제어다. 모든 인간이 이 노래처럼 하나의 언어를 사용할 수 있다면 종족 간의 싸움은 사라질 것이다, 비록 순진한 생각이었지만 누가 가르친 것도 아닌데 이런 생각이 이 비범한 작은 소년의 머리를 문득 스쳐 지나갔다.

비아위스토크의 작은 소년에게 종교와 언어의 다름은 무엇보다 먼저 해결하지 않으면 안 될 명백한 문젯거리였다. 소년은 아직 복잡한 역사나 인종적 편견에 깔린 인간들의 음험하고 악취나는 두려움과 질투심에 대해선 알지 못했다. 다만 인간 심리 깊숙이 기괴한 파괴 본능이 자리 잡고 있단 사실을 알게 되자 온화한 성품의 이 아이는 견딜 수 없이 괴로웠다. 어른이 되어서 이 모든 악들을 없애버릴 수만 있다면, 즉 모든 사람들이 하나의 같은 언어로 소통할 수 있다면, 세상 사람들이 마치 어머니 로잘리와 같아질 것이라는 생각에 미치자 비로소 안심할 수 있었다.

라자루스는 언어 학습에 유리한 환경에서 성장했다. 당시 교육받은 러시아인이라면 외국어 서너 개 정도는 구사할 수 있었다. 러시아어는 공식 언어였고 히브리어는 유대예배당에서, 그리고 과외공부로 익힐 수 있었다. 불어, 독일어는 아버지 마르쿠스로부터 배웠고 학교에서도 공부했다. 이디시어는 거리에서 익혔고 후에 폴란드어까지 완벽히 구사했다. 1869년 8월 학교에 입학할 법적 나이 9세가 되자, 라자루스는 비아위스토크 과학학교 리얼스쿨에 입학했다. 그곳은 대학진학을 위한 과정이 아니어서 그리스어를 가르치진 않았으나 비아위스토크의 유대인들이 비교적 쉽게 들어갈 수 있었다.

라자루스는 학업에 열심을 다 하면서 깨끗한 물을 길어 올리고 구정물을 날라다 버리며 집안일을 도왔다. 길가의 방 셋

달린 그의 집은 일곱 식구로 조용할 틈이 없었다. 라자루스가 병이 들어 1870년 1월까지 학교를 쉬는 동안 집에서 러시아 운문으로 5막 분량의 비극을 써보기도 했다. 비아위스토크 집은 병든 아내와 다섯 자녀가 거주하기엔 너무 비좁았기에 마르쿠스는 더 나은 수입을 위해 바르샤바로 이주를 결심했다. 아버지로부터 질서, 자제력, 근면의 중요함을 배웠고, 어머니로부터 두려움보다 강한 사랑의 힘과 공감의 가치를 터득한 루드빅은 이제 바르샤바에서 학업을 이어가며 앞날의 계획에 점차 자신감을 갖는다.

2장 언어를 고안한 학생

1873년 11월, 자멘호프 가족은 유대인 거주지 바르샤바시 노우리피가 28번지 아파트로 이사했다. 유대인 공동묘지까지 도보로 20여분 정도의 거리였고 유대인 예배당이 있는 트루맥키가에서 가까웠다. 유대인 구역은 늘 붐볐지만 잘 포장된 거리는 비아위스토크의 거리보단 조용했다. 건물 앞에 정원도 있었다. 리투아니아 지방에서 올라온 유대인에게 바르샤바는 비교적 자유로운 곳이었다. 러시아 관리들은 때론 친절하고 인도적이었고 그곳엔 건축물의 아름다움과 우아한 문화생활이 있었다. 억압적 통치체제였지만 도시는 새로운 산업들로 확장돼 나갔다. 마르쿠스 자멘호프는 처음 사립학교 교사가 되었다가 후에 바르샤바시 유대인 검열관 부직을 얻었다. 수입이 늘고 성격에도 어울리긴 했지만 자랑할 만한 것은 못되었다. 차르 체제 하에서의 검열은 우민화를 위한 통제였고 몹시 혹독했다. 조금이라도 문제가 되는 기사는 삭제되었고 기사 쓴 사람은 처벌받았다. 중요 외국서적과 폴란드 서적들은 대부분 판금조치 되었다. 신문은 인쇄 전 단계에서 검열을 받았다. 1863년 봉기 이후, 오랜 역사의 폴란드 귀족사회는 대부분 몰락했고 도시 거주 지식인들에게 어느 정도 지도력이 넘어갔다. 그들은 폴란드 민족문화를 지키려는 투쟁이 당분간 절망적임을 인식하고 새로운 힘의 원천으로 과학과 기술에 눈을 돌리고 있었다. 이 때문에 과학, 특히 의학 분야의 연구는 상당한 지위를 누릴 수 있었다. 몇 세대에 걸쳐 외국어를 생계 방편으로 했던 자멘호프가의 아들들은 이제 이 분야에서 일하게 된다.

자멘호프 가문의 비 과학도로선 마지막이었던 마르쿠스는 바르샤바시 상급 검열관 밑에서 희랍서적과 신문을 검열했는데 그의 상관 검열관은 다시 상트페테르부르크 소속 상관의 감독을 받았다. 이것이 차르 체제의 검열 시스템이었다. 마르쿠스는 히브리어 주간지 〈하세휘라(새벽)〉 편집자의 눈에는 판에 박힌 현학적 인물이었지만 동시에 유능하고 양심적인 인물이란 인상을 주었다. 마르쿠스는 대개 독학자들에게서 보이는 애매하고 불분명하고 감정적 태도같은 건 찾아 볼 수 없는, 한 치 흐트러짐 없는 규칙과 규율로 뭉쳐진 위인이었다. 같은 편집자 나훔 소콜로프도 마르쿠스의 탁월한 독일어 실력과 신중한 행동, 바른 처신에 감탄했다. 유대인 검열관 직책은 다른 유대인들로부터 압제자의 주구(走狗)라 비아냥을 받았지만, 마르쿠스 자신은 자기 직분을 성실과 폭넓은 식견으로 감당했다.

1874년 라자루스는 제2 언어 김나지움 4학년에 편입했다. 운좋게도 그는 유대인도 김나지움 입학이 허용되었던 비교적 자유로운 시기에 학교에 다닐 수 있었다. 노우리피가(街)에 위치한 학교 주변에 관목 농장과 기차 철로가 있는 큰 건물이었다. 쉬는 시간이면 아이들은 밖에서 놀았지만 라자루스는 교실에 남아 공부에 열중했다. 김나지움에서 러시아어와 문학, 라틴어, 그리스어, 독일어, 불어를 배웠고 또 역사, 지리, 수학, 자연과학도 배웠다. 어린 나이였지만 라자루스는 학교에서 가르치는 관제 역사에 왜곡이 많은 것을 발견하고 불만스러웠다. 라자루스의 가정 분위기는 폴란드보단 러시아 풍이었지만, 이 학교는 폴란드계 유대인의 강한 민족주의 전통을 갖고 있었고 그곳에서 라자루스는 폴란드어를 배웠고 폴란드 문학과 친숙해졌다.

언어 공부를 하면서 언어와 언어 간의 문제에 대해서도 차
츰 인식하기 시작했다. 러시아인이 폴란드어, 리투아니아어를
금지하면 폴란드인들 역시 러시아어를 싫어하고 독일어, 이디시
어를 듣기 싫어하는 걸 보았다. 학교에서 프랑스와 영국, 스페
인과 네덜란드 사이에 발발한 전쟁 역사를 배웠다. 소년기의 라
자루스는 모든 국가가 받아들일 수 있는 국제어는 압제자의 언
어도, 억압받는 자의 언어도 아닌, 모든 나라에 공평한 언어여
야 한다는 결론을 이미 갖게 되었다. 라틴어와 그리스어를 공부
하면서 라자루스는 언어의 아름다움에 매료되면서 이런 사어(死
語)야 말로 모든 이에게 중립적이란 생각이 들었다.

라자루스는 세계 전역을 여행하면서 인류 평화를 위해 라틴
어, 그리스어, 희랍어를 공부하자고 열띤 어조로 연설하는 꿈을
꾸었다. 그러나 이런 사어들은 문제가 많았다. 품위와 아름다운
뉘앙스가 있었지만 현대생활에 필요한 어휘가 부족했고 무엇보
다 배우기 어려웠다.

당시 찍은 사진을 보면 가냘프고 불안해 보이는 소년의 잘
빗질한 머리에 두툼한 눈썹밑의 근시안이 더 작아 보이지만 그
의 김나지움 성적은 항상 상위권이었다. 그러나 소년 라자루스
는 책을 구할 수 있고 공부할 여유를 즐길 수 있는 지식인들
뿐 아니라, 가난한 사람, 육체노동자, 침모, 소상인들에게도 관

심을 갖고 있었다. 이런 부
류의 사람들은 군중 폭력
에 쉽게 휩쓸리고 전쟁의
우선적인 희생물이 되었다.
현존하는 국가의 민족어들
은 인류가 동등하게 받아
들일 수 없고, 사어는 너무
까다롭고 고어체로 돼 있

기에 유일한 해결책은 새 언어를 만드는 것이라고 자멘호프는 결론지었다.

열다섯이 되자 그는 작업에 착수했다. 몇 개의 언어를 구사할 수 있었고 비범한 지능도 있었지만 라자루스는 비교 언어학 지식이나 언어 역사, 음성학에 대해선 아는 게 없었다. 따라서 예전에 새 언어를 만들다가 실패한 사례에 대해서도 아는 바 없었다. 그가 가진 건 예전에 공부한 언어들의 지식과 탁월한 추론, 추리력뿐이었다. 그는 새로운 언어의 윤곽을 그려보았다. 다른 언어들과 마찬가지로 처음에는 격 변화와 어형 변화부터 시작했는데 그런 작업들이 어려워 보이진 않았다. 어형 변화보단 어휘 문제가 훨씬 더 골칫거리였다. 도움이 될 만한 사전들은 너무 방대했다. 어떻게 모든 사람이 표현하고 싶어 하는 단어들을 만들어 낼 수 있을까. 혹 만든다손 치더라도 사람들이 과연 그것들을 다 외워 낼 수 있을까? 그러나 새로운 단계가 시작되었다.

1875년 김나지움 제5학년이 되었을 때 라자루스는 영어를 배우기 시작했다. 이를 계기로 지금까지 갖고 있던 언어에 대한 관점들이 바뀌게 되었다. 난해한 격 변화, 어형변화가 언어에 반드시 필요한 게 아닐 뿐 아니라 그것들은 오히려 역사적 우연성의 산물일 뿐이었다. 영어엔 활용어미가 없고 다른 어떤 언어들보다 동사가 간단했다. 철자와 발음이 까다롭고 변칙적 관용어가 많긴 했으나 기본 문법은 매우 간단해 그에게 새로운 발견이었고 용기를 주었다. 희망에 부푼 라자루스는 이제 자신의 꿈을 실현하기 위해 자신의 온 여가시간을 바쳤다. 복잡한 어형 변화가 불필요하니 노트 서너 장 분량이면 기본적 문법을 만들 수 있다고 생각했다. 그런데 어휘는 여전히 골칫거리였다. 단어는 짧을수록 기억하기 쉬울 거란 생각이 들어 임의로 단음절 단어들을 만들어 보았다. ab, ac, ad, ba, ca, da, e, de, ec, be, c 등. 그러나 곧 자기도 그런 어휘들을 다 기억하기 어렵다는 사실을 깨달았다. 서로 비슷할 뿐 아니라 표현 내용과 연관성이 없었던 것이다. 새 언어의 어휘는 이미 이전에 존재해 온 언어들의 어휘에 바탕을 둬야 한다는 생각이 뒤따랐다. 라틴어, 독일어, 러시아어 그 외 다른 언어들의 어근을 추려 문법적인 규칙 활용어미를 붙여 보았다. 이제 이 어휘들은 자기도 쉽게 기억할 수 있었다.

언어적 소양이 어느 정도 있는 학생이라면 새 언어를 고안해 내는 일이 그리 놀랄 만한 일은 아니다. 영리한 학생이라면 며칠 혹은 몇 주 안에 언어를 만들어 즐길 수도 있다. 그러나 라자루스에게 괄목할만한 점은 매우 진지하게 수년에 걸쳐 지속적, 헌신적으로 노력을 기울였다는 점이다. 그게 가능했던 것은 단순한 지적 호기심 때문이 아니라, 모든 인류는 한 형제어야 한다는 거의 집념에 가까운 생각과 어린 시절의 아픈 추억과 환경으로부터 나온 것이었다. 그러나 흔히 광신적 인물에게서 발견되는 무절제함이 라자루스에게는 없었다. 그는 여전히 춤과 음악과 농담을 즐길 줄 알았고 동생들에게 애정을 보였으며 어머니에게 성실한 아들이었다.

1875년 10월 31일, 동생 레온 자멘호프가 태어났고 1877년에는 막내 알렉산더가 태어났다. 어떤 문제에 극도로 몰입하면 주의력, 사고력이 예민해지고 때론 그 결과를 계시적으로 받아들이거나 잠재의식의 작용으로 잠을 자면서도 생각이 이어지게 마련이다. 이런 현상이 국제어의 연구 과정에 도움을 주었다. 1876년이나 1877년쯤 되는 어느 날, 라자루스는 은단추, 뱃지를 단 교복을 단정히 차려입고 바르샤바 거리를 걷다가 우연히 한 간판을 보고 번개처럼 스쳐가는 영감이 떠올랐다.

'Sheveytsarskaya'

이는 러시아 말로 수위실이라는 뜻이었다. 이번엔 다른 가게

간판을 바라보았다.

'Konditorskaya(제과점)'.

그 순간 라자루스는 두 단어가 동일한 접미사 skaya로 끝나는 것을 발견했고 많은 러시아어 단어가 장소를 의미하는 접미사 '-skaya'로 끝나고 있음을 생각해냈다. 이 접미사 용법을 이용하면 필요한 많은 어휘들을 줄일 수 있겠다는 생각이 번득 스쳐 지나갔다. 그렇게 한 단어에 접미사 '-ejo'를 붙여 행위가 일어나는 장소를 뜻하는 단어를 만들었고, 후에 '-lerni'로 바뀐 'Lernare'는 영어와 독어에서 '배우다'란 뜻이지만 "학교"는 'Skulo' 또는 'Shkola'라 할 필요없이 단순히 'lern-ejo'라고 표기하면 되었다. 비슷하게 'lernema', 'lerninda'가 고안되었다. 여성접미사도 만들어 아버지란 듯의 'patro'를 어머니 'patrino'로 만들었고, 반대 의미를 나타내는 'mal'로 접두사를 붙여 'amiko(친구)'를 'malamiko(적)'로, 'malvarma'는 '차가운', 'malbela'는 '못생긴'이란 단어를 합성해냈다. 접두, 접미사 체계를 고안해 냄에 따라 방대한 양의 새로운 어휘들을 만들 수 있게 된 것이다.

어느 날은 꿈을 통해 또 다른 문제를 해결할 수 있었다. 러시아어, 폴란드어에는 없는 정관사를 영어, 불어, 독일어처럼 자신이 만든 국제어에 넣어야 할지 고민하던 중이었다. 어느 날 밤, 숲 근처 평원에서 몇몇 사람들과 같이 있는 꿈을 꾸었는데, 일행 중 한 명이 만약 세 명의 붉은 옷을 입은 소녀가 숲속에서 뛰쳐나온다면 뭔가 무서운 일이 벌어질 거라고 말했다. 일행이 숲을 쳐다보고 있을 때 마침 그 소녀들이 갑자기 숲속에서 나왔고, 앞서 그 말을 한 사람이 겁에 질려 소리쳤다.

"그 세 명의 소녀가 나타났다!"

꿈속에서 라자루스는 정관사의 효용성을 깨달은 것이다. 그의 첫 습작 중에는 소년스러운 장난기로 만들어진 문장도 있었다. 라자루스가 다양한 문법사항을 표현하는 간단한 예문들을 만들며 고심하던 중이었는데 동생 레온이 자꾸 옆에서 귀찮게 굴었다. 라자루스는 참을성을 잃고 소리쳤다. "야, 레온! 넌 동물이야!" 그리고 즉시 문장으로 써 보았다.

"Leono estas besto.(사자는 동물이다.)"

1878년 라자루스가 김나지움 8학년이 되었을 때 그는 이미 익혀서 쓰고 말할 수 있는 정도의 조리있는 언어를 완성해 냈다. 물론 부족함 투성이었지만 라자루스는 다방면으로 실험해 보았다. 성서 구절을 번역해 보기도 하고 독창적으로 운문을 지어보기도 하고 새 언어로 생각해 보기도 하였다. 그리곤 알렉산더 발덴부르크 학교 급우들과 동생 휄릭스에게 가르쳐 주었다. 부모들은 처음엔 칭찬하고 호의적이었다. 아버지는 상당수준의 언어를 고안해 낸 아들을 대견해 했고 어머니는 언어를 만든 아들의 윤리적 동기를 높이 샀다. 소수의 학교 친구들이 벌써 그 말을 익혀 약간씩 말할 수 있게 되었다.

1878년 12월 17일, 드디어 새 언어를 기념하는 일종의 의식이 거행되었다. 어머니 로잘리는 마치 라자루스의 생일처럼 특별한 케이크를 준비해 주었다. 소년들이 케이크가 놓인 탁자 주위에 둘러섰다. 탁자 위엔 문법, 기본어휘, 약간의 번역물이 적힌 노트가 놓였고 소년들은 새로운 언어로 간단한 연설을 한 다음 형제애의 찬가를 불렀다.

> Malamikete de las nacjes,
> Kado, Kado, jam feinp esra!
> La fot Homoze en Familje
> Komunigare so deba
> 인종 간의 증오는
> 사라져라, 사라져라

이미 때가 왔나니!
온 인류는 한 가족으로 뭉쳐야 한다.

부족하고 한계가 있었지만 이 새로운 언어는 실제로 사용될
수 있는 것이었다. 아마도 이 날은 루드빅 자멘호프의 일생 중
가장 행복한 날이었을 것이다. 소년 예닐곱 명이 인류 앞에 새
언어를 발표하고 증오의 세상을 해방시키고자 했던 것이다. 꿈
은 장미 빛이었고 이룩한 성과는 객관적 가치가 있었다. 자멘호
프는 정녕 언어를 창안해 낸 것이다. 그의 나이 열아홉이었다.

3장 아버지와 아들

루드빅의 언어가 그 자체로 인류의 증오를 제거할 순 없었다. 하지만 인류 상호이해를 도모하는 데는 분명 유용한 것이었다. 다만 차르 체제의 러시아는 그런 걸 허용할 만큼 이상적 국가가 아니었다. 새로운 건 무엇이든 의심받았다. 권력자는 인류가 한 가족 되길 원하기커녕 의도적으로 분열을 조장해서 통치했다. 비밀스런 언어는 반란자의 언어로 의심받을 우려가 있었고 전제 폭군 정부는 나라 전역에서 음모의 냄새를 맡기에 여념이 없었다. 이미 불안정의 조짐을 보이던 억압 체제하에선 알 수 없는 언어로 된 문서를 지니는 것 자체가 위험한 일이었다. 루드빅의 고안품은 그의 경력, 자유, 심지어 생명까지 위협할 수 있었다. 약 6개월 동안 아버지는 아들 루드빅이 새 장난감을 갖고 노는 것을 말리지 않았다. 그러나 친구들의 열정은 어른들의 압력으로 식어갔고 1879년 6월, 김나지움 과정이 끝나자 의사가 목표였던 루드빅은 대학 진학 준비를 해야 했다.

이 즈음 마르쿠스의 동료인 돌팔이 심리학자 하나가 마르쿠스에게 아들 루드빅의 고안품이 정신질환 초기에서 나타나는 증상이라 진단했다. 웃기는 일이었다. 루드빅은 마음이 불안정하거나 심리적 이상이 있기는 커녕 교장, 지도주임, 교사 열세 명이 작성한 생활기록부에 품행, 출석, 시험성적에서 모두 뛰어난 아이였기 때문이다. 학습태도는 다른 아이들의 모범이었고 전 과목 특히 희랍어에 발군의 재능을 보였고 시험에서도 높은 점수를 받았다. 독어, 불어에서는 최고점수인 5점, 러시아어와 러시아문학, 논리학, 라틴어, 그리스어, 수학, 물리, 지질학, 역사, 지리학에선 4점 이었다. 희랍어로는 은메달 상까지 받았다. 이런 모범적 학업과 학창생활의 압도적 증거에도 아버지 마르쿠스는 심리학자 동료의 돌팔이 진단에 반신반의했다. 이 때문에 마르쿠스는 아들이 모스크바대학 입학 허가서를 받자 졸업해서 의사자격을 얻을 때까지 하고 있던 모든 언어 프로젝트를 중단하라고 명령했다.

무거운 마음으로 소년은 문법, 어휘, 산문, 습작, 번역물이 적힌 원고를 아버지께 넘겨줄 수밖에 없었다. 지난 수년 동안에 걸쳐 최고의 지적 노력과 열의를 바쳤던 일이었다. 아버지는 원고를 건네 받아 다락에 넣고는 열쇠로 잠갔다. 심하긴 했지만 전적으로 비이성적인 건 아니었다. 위험한 게 사실이었기 때문이다. 아버지 행동이 아들의 마음을 아프게 했지만 위험은 현실적이었으므로 당시 상황으로선 이성적이고 현명한 것이었다. 언어 자체도 좀 더 수정 보완되어야 했다. 아버지는 원고를 잘 보관하겠다고 약속했다.

루드빅은 하루 걸리는 4등 열차로 모스크바로 향했다. 슬픈 듯 진지한 얼굴에 두텁고 높이 솟은 눈썹은 놀라움과 당황스런 인상을 풍겼다. 타원형 자그만 안경을 쓴 그의 눈은 회색빛이었다. 붉그레한 머리칼은 가운데 가르마를 탔고 민감한 입술 위엔 말쑥한 콧수염을 하고 있었다. 미남까진 아니지만 온화한 눈빛 속에 그의 조용한 결기가 흘렀다.

당시 모스크바엔 유대인들이 약 8천여 명 살고 있었다. 루드빅은 1879년 8월 모스크바 트베르스카야가 여관의 가구 딸린 방 하나를 얻었다. 거리 구석에 위치한 작고 누추한 여관방은 공부하기엔 조용한 편이 못되었다. 불편한 방에 오락거리도 없고 때때로 충분히 먹지도 못했다. 그러나 집에다 자기가 얼마나 절약하고 사는지 자랑스럽게 편지쓰곤 했고 배고픔, 추위와 불편에 대해선 아무 언급도 안했다. 그 즈음 집에선 새 동생 이다가 태어났고, 아버지는 자녀를 모두 대학에 보내려 했다. 루드빅은 파트타임 일거리도 찾아보았지만 구하기 어려웠다. 러시아어로 쓴 그의 유대인을 위한 민족주의적 시가 《루스키 예브레이(러시아계 유대인)》잡지에 게재됐지만 편집자는 원고료를 주지 않았다. 《모스코프스키에 브에도모치(모스크바 정보)》지가 그의 원고에 약간의 고료를 지불했지만 생계엔 별 도움이 안 됐다.

자멘호프가 대학을 시작한 모스크바는 불안과 희망에 차 있었다. 차르 치하 도처에 만연한 음울한 반계몽주의가 급기야 혁명의 조짐을 불러일으켰다. 농민해방, 농업사회주의를 열망한 러시아 지식인들의 열망이 압제자 암살을 목표하는 비밀 테러운동을 조직하였다. 음모자들 대부분이 대학생이었고 지식인 신세대 대학생들에 의해 많은 혁명시위가 벌어졌다. 이런 대학 정치는 사상과 소통, 결사의 자유와 자유로운 사생활을 열망하는 러시아 지식인들에 의해 주도되었다. 1880년 12월, 학생들은 교수들 승인 아래 자치기구 승인을 요청하는 청원서에 서명했다. 총장은 학생대표의 요구를 받아들여 학칙수정을 약속했다. 과도한 규칙들로 어린애 취급받기를 거부한 학생들이 대학당국에 몇 가지를 요구했다. 자유로운 집회와 강연활동을 보장할 것, 학생 식당을 세워줄 것. 보조기금과 장학금을 늘릴 것, 자치 기구를 만들어 교수, 학생이 학교분쟁 문제에 함께 토의할 장을 만들어 줄 것 등이었다. 그러나 학생들의 온건한 요구는 총장 아닌 교육부장관에 의해 거부되었다. 학생들의 소요가 뒤따랐고 결론은 시위대 해산을 위한 경찰의 진입, 사십 여명의 의대생들이 제적됐고 그 중 대 여섯 명만 석방되었다.

《모스크바 정보》지에 보낸 학생들의 공동서면에 의대생들의 요구 사항이 기술돼 있는데, 확실친 않지만 'Z'란 서명과 문체로 보아 자멘호프가 기초한 글일 가능성이 충분하다. 분명한 것은 이러한 혼란의 분위기 속에서 루드빅은 정치 문제를 더 깊이 자각하게 되었고, 바람직한 삶에 대한 그의 관점이 억압과 불관용을 직면하면서부터 형성되었단 점이다.

1881년 모스크바에서의 학업이 점차 어려워지자 루드빅은 집에서 통학할 수 있는 바르샤바 대학으로 전학을 신청했다. 모스크바 대학총장은 그의 학업을 '매우 탁월'로 기술했고 전학은 승인되었다. 첫 시험에서 루드빅은 전 과목에 걸쳐 최고 점수인 5점을 기록했는데 동물학, 식물학, 해부학, 무기화학, 독일어, 물리과목 등이었다. 두 번째 시험에선 일곱 과목이 5점, 두 과목이 4점, 한 과목에서 3점이었다. 확실히 열심히 공부했다. 모스크바에 머문 동안 그는 아버지와 했던 고통스런 약속을 철저히 지켰다. 그러나 그 무엇도 새 언어에 대한 속생각까지 방해할 순 없었다. 바르샤바의 노블리피가 28번지로 돌아온 자멘호프는 어머니와 자주 이야기를 나눴다. 국제어를 통해 세계 인류를 한 형제 만들려한 삶의 목적은 여전했다. 아버지와의 약속은 굳게 지켰지만 그 약속은 그를 괴롭혔다. 방학 동안만이라도 아버지께 맡긴 노트를 볼 순 없을까? 잠시만이라도 언어의 수정, 보완을 위해 원고를 살필 수 있도록 어머니가 아버지께 말해 줄 순 없을까?

그러나 그 땐 이미 마르쿠스가 원고 꾸러미를 태워 버린 이후였다. 어릴 때 부터 위기에 처할 때마다 보였던 루드빅의 남다른 품성이 발휘되었다. 그 사실을 알고 루드빅은 놀랍도록 침착했다. 그리고 즉시 아버지 서재로 갔다. 약속을 지킨 아들과 약속을 안 지킨 아버지가 나눈 대화가 어떤 것이었을지 알 수 없다. 루드빅은 2년 전 아버지와 했던 약속의 취소만 요구했고 홀가분히 서재를 나왔다. 그러나 아버지는 그 일로 아들에게 권위를 잃었다. 이제부터 자멘호프가 할 일은 기억을 되살려 언어 전체를 다시 만들어내는 일이었다.

4장 의사 자멘호프

"비밀로 일하는 건 괴로운 일이었습니다. 신경써 생각과 계획을 숨겨야 했고 마음대로 어디를 가거나 사회활동에 참석치 못했습니다. 황금기 학창시절을 그렇게 불행하게 보냈습니다. 때론 사람들과 어울려 즐겨보려 했지만 자꾸 스스로 이방인으로 느껴져 빠지고 싶었습니다. 고작 내가 만들고 있던 언어로 산문을 지으며 마음의 짐을 덜어보려 했습니다."

자멘호프는 15년이 지난 후 당시를 이렇게 회상했다. 언어 전체를 처음부터 다시 만들기 시작했다. 어휘를 재수집하고 언어를 지속적으로 수정 보완하고 번역과 작문을 통해 시험해 보았다. 모호한 부분과 불필요한 부분은 삭제하고 뼈대가 될 만한 것들을 덧붙였다. 학창시절에 이미 기존 언어를 기반으로 어휘를 만들었지만 다소 불규칙한 점이 있었다. 이제부터는 국제성의 원칙으로 어휘를 선별했는데 대부분 그가 알고 있던 언어들 중에 가장 공통적으로 많이 쓰는 어근을 추려냈다. 그 언어들 중 한두 개만 알아도 손쉽게 단어를 익힐 수 있게 한 것이다. 다음은 1881년 그가 번역한 하이네의 시다.

Mo bella princino il sonto vida
Ko zuoj malsesaj dl palaj

Sul dillo,sul verda no koe sida
Il armoj amizaj e kolaj

그러나 1887년에는 이렇게 바뀌었다.

En songo princinon mi vidis
Kun vangoj malsekaj de ploro
Sub arbo, sub verda mi sidis
Tenante sin koro ĉe koro
꿈속에서 난 보았네
눈물로 **뺨**을 적신 아름다운 공주님을
푸른 나무 아래 난 앉았지
마음, 마음을 마주하고

이런 실험과정을 거치는 중 몇 가지 생각들이 떠올랐다. 보편적 전치사 'je' 라든가, '-aŭ' 로 끝나는 원래부사, 그리고 융통성 있는 동사 'meti' 같은 것들이었다. 점차 초반기 언어가 무겁고 서툰 것을 발견하고 좀 더 뉘앙스 있고 간결한 유형을 만들어 보고자 고심했다. 기존 다른 언어의 복제판이 아니라 독특한 특성과 문체를 지닌 언어를 만들고자 한 것이다. 실제 그의 생각대로 언어는 점차 진화했다. 여러 번 크게 낭독해보기도 하고, 그 언어로 생각도 해보며, 동시에 말하고 써보기도 하면서 더 쉽고 자연스러운 언어로 만들어 갔다.

작업을 진행하면서도 결코 의학공부를 게을리 하지 않았다. 새 헌법이 공포되고 자유주의가 승리를 굳혀가던 1881년 3월 13일, 한 무정부주의자가 투척한 폭탄으로 알렉산더 2세가 사망하는 사건이 일어났다. 이를 계기로 반유대주의의 거센 파도가 밀어 닥쳤다. 지식인들은 박해받았고 학생들은 시종 경찰의 감시

하에 놓여 하찮은 '정치적 범죄' 명목으로 국외로 추방되거나 벌금 혹은 공판절차도 없이 투옥되었다.

차르 정부는 종교, 애국심, 황제 숭배를 명목으로 대중들에게 유대인과 학생들을 공격하도록 선동했다. 폴란드에선 민족주의와 연계해 학생들을 공격하기가 불가능했지만 반유대주의자들을 자극하는 것은 가능했다. 알렉산더 2세 암살범은 유대인이 아니었는데도 유대인이 암살음모에 가담했다는 소문이 떠돌았다. 야수같은 잔인한 반유대 폭동이 1881년 러시아제국 166개 도시에서 발발했다.

그해 12월 25일, 바르샤바 근교의 한 천주교 성당에서 누군가가 장난으로 예배 중에 화재경보기를 울린 일이 일어났다. 공포에 질린 교인들이 다투어 빠져나오는 과정에서 스무 명이나 사망하였다. 교회 밖 누군가가 이를 유대인이 한 짓이라 둘러댔고 이 소식에 흥분한 바르샤바 과격분자들이 거리로 뛰쳐나와 난동을 피우고 유대인을 공격해댔다.

자멘호프 가족들도 다른 이들처럼 지하실에 숨었다. 로잘리 자멘호프는 두 살배기 아이를 품에 안고 어린 레온과 알렉스를 진정시키면서 앞으로 이 아이들에게 닥칠 증오스런 운명을 예견하였다. 인간과 인간 사이 균열을 치유하는 프로젝트에 온 여가를 바치고 있는 의학도 자멘호프 역시 동생들 옆에 공포를 마주 하고 고통의 순간을 함께 했다.

불안의 고통은 일요일 아침부터 화요일 오후까지 계속되었다. 바르샤바엔 러시아 군인과 경찰이 주둔해 있어 마음만 먹으면 손쉽고 단호히 소요를 진압할 수 있었다. 나레프스키 구역 유대인들은 자기 자신들외에는 누구에게도 의지할 수 없는 처지였다. 다행히 건장한 유대인 짐꾼들이 용감히 폭도들과 맞서 싸워 그 지역은 심각한 손상을 입지 않았다. 폭동이 끝나 겁에 질린 바르샤바 유대인들이 천장과 지하실에서 나왔을 땐 이미 죄없는 유대인 12명이 죽었고 그중 한 명은 처참히 돌에 맞아 죽었다. 24명이 중상을 입었고 많은 유대 여인이 무뢰한들에게 강간당했고 1,500가구와 가게들이 파손 당했다. 러시아계 유대인 잡지 《라쓰브예트(새벽)》 바르샤바 리포터로 일하던 루드빅은 51호 지에 잔혹한 학살행위를 비난하고 자신들을 보호하려던 유대인들을 저지하고 오히려 폭도들에겐 눈감아 준 군인, 경찰을 비난하는 대담한 글을 기고했다.

루드빅 자멘호프는 가정으로부터 강한 유대 민족주의 정신을 영향받진 않았다. 아버지는 동화주의자면서 러시아 정부를 위해 일한 사람이었고 어머니로부터는 배타적 히브리 정신보다 오히려 형제애와 박애정신을 배웠다. 백러시아 변방과 리투아니아에 거주하던 리투아니아계 유대인들은 폴란드말과 이디시어로 '리트박'이라 불렸는데 이들은 집 조차 소유하지 못한 외로운 민족이었다. 폴란드계 유대인들은 폴란드 문화, 폴란드 애국정신에 공감했지만 리트박들은 러시아어를 썼고 문화도 러시아 쪽에 기울어 폴란드 민족주의나 폴란드 전통문화에 동조하지 않았다. 폴란드 애국주의가 러시아제국의 분열을 조장하고 러시아 자유주의를 방해한다 생각했기 때문이다. 그러나 이런 리트박들의 차르 정권에 대한 충정도 그들을 구원할 수 없었다. 차르 정부는 오히려 그들을 폴란드인과 대비시켜 이용했고 민족 간 갈등을 의도적으로 조장하는 책략으로 속죄양 삼았다. 이런 상황에서 유대인들은 다가올 박해의 시대를 예견하고 나라를 떠나 이민하려는 두 파로 나뉘었다.

'시온주의자' 그룹은 고대 약속의 땅인 팔레스타인으로 가고자 했고, 미국 그룹은 미국의 새로운 처녀지에 정착하길 원했다. 난민들은 이미 오스트리아 국경에 모여 들었다. 인종 박해의 공포, 열렬한 폴란드 민족주의 분위기, 모스크바에서의 정치적 각성을 경험한 루드빅 자멘호프는 바르샤바 유대 지식인들

의 토론에 직접 참여했다. 유대계 미국인 시몬 드뷰노프와 시온
주의자 모라이브 불룸은 《라쓰브예프(새벽)》지에 글을 기고했
다.

1882년 초, 같은 잡지 2호, 3호, 4호, 5호에 「무엇을 할 것
인가?」란 제하의 장문 기사가 '감제폰(gamzefon)'이란 서명
으로 기고되었다. 이는 자멘호프가 이름을 러시아식으로 철자를
바꿔 기고한 글이었다. 자멘호프는 러시아 제국 내 유대인들의
고통을 감성적으로 묘사하면서 비전없는 동화정책을 거부하고
집단이주를 주장하는 민족주의자들의 계획을 지지했다. 피끓는
심정으로 글을 쓰면서도 실제적 가능성을 타진하는 그의 머리
는 냉철했다. 역사적 필연성에도 불구하고 그는 팔레스타인이
유대인들이 이주할 곳으로는 적당치 않다고 생각했다. 그곳은
터키에 속해있어 기존 거주자들이 쉽게 권리를 포기할 것도 아
니었고, 주요 성지가 위치한 종교 열광주의 지대였기 때문이다.

그곳에 솔로몬 성전을 재건하고 구식 전통으로 경배하는 행
위가 탐욕스러운 광신주의자들에 의해 또 다른 파문을 일으킬
것이 분명했다. 팔레스타인 정착이 고통 받는 유대인 문제를 종
식시킬 유일한 해결책이라면 싸워야겠지만 그건 유일한 해결책
이 아니었다. 또 팔레스타인에서 유대인들은 안전할 수도 없었
다. 반대로 만약 유대인들이 성금을 모아 미국에 땅을 매입해
정착한다면 피난민들이 스스로 자치주로 성장할 때까지 미연방
의 보호 하에 모여 살 수 있을 것이었다. 자멘호프는 미시시피
강 유역을 장래의 유대인 정착지로 생각하고 있었다. 미국에서
유대인들은 자신들의 이익을 위협받지 않을 것이고 그 나라는
민주적 전통을 갖고 있어 탄압받지도 않을 것이다. 이런 내용을
골자로 한 자멘호프 주장은 지지와 비판의 큰 반향을 불러일으
켰다. 만일 당시 자멘호프의 이런 생각이 받아들여졌다면 팔레
스타인 지역의 비극적 사건들은 일어나지 않았을 수도 있을 것

이다.

한 동안 자멘호프는 바르샤바에 있는 리트박 학생들의 연구 모임을 이끌었다. 새벽지 13호에는 '감제폰(gamzefon)'이라는 이름의 또 다른 글이 실렸는데 거기선 생각이 바뀌었다. 시온주의자들이나 미국이주파 유대인들 모두 그들의 주된 직업인 농업으로 돌아가기를 원했기 때문에 분쟁에 힘을 낭비할 필요가 없다고 생각한 그는 시온주의 그룹을 지지했다. 그 글은 '미국파'와의 논쟁을 끝내는 것이었다. 자멘호프는 바르샤바의 유대 청년단체인 '키밧 시온'에 가담해 '이스라엘의 남은 자'들을 '약속된 땅'으로 보내는 일에 합류했다. 수년 간 이 운동에 적극 뛰어 들어 폴란드와 러시아 각 도시의 지부결성을 도왔다. 의사 학위를 위해 공부하면서 그런 과중한 조직 일을 해나가는 데는 개인적 희생이 뒤따랐다. 이주 계획을 위해 성금을 모으고, 기증자 명단을 작성한 뒤 팔레스타인 이주자를 모집하는 바바리아의 랍비 사르베느디 박사에게 자금을 전달하는 게 자멘호프의 일이었다. 이 일은 불법이었다. 모금된 자금이 러시아제국 밖으로 나갈 수 없었기 때문이다. 자멘호프는 기금을 개인적으로 받은 합법적 선물로 꾸미고 조사 시 검열 받을 서류도 조작했다. 조직의 모든 회합은 비밀리에 장소를 바꿔가며 진행했다.

자멘호프는 지하운동의 위험성을 확실히 자각하고 있었다. 새로운 탄압이 시작되려는 증거가 포착되었다. 1882년 5월, 악명 높은 내무부장관 이그나티에프는 모든 문명 세계의 분노를 자아낸 소위 '5월 법안'을 통과시켰다. 로버트 브라우닝은 영국에서 이 법령에 가장 완강하고 지속적으로 저항한 사람 중 하나였다. 새 법안의 가혹한 일면 중 하나는 유대인들이 거주지 밖으로 이주하는 권리를 훨씬 엄격히 제한하는 것이었다. 유대인 거주지 밖에서 사는 유대인들 수천 명이 추방당하기 시작했다. 엄혹한 시련이 거주지 밖에서 시작됐고 거주지 안에서는 마침 러시아제국이 경제적 위기에 처해 실업과 인구과잉 문제가 대두 되었다. 러시아령 폴란드에 사는 유대인은 점차 궁핍해졌고 하루 단 한 끼로 연명하는 사람들이 늘었다. 인구 과잉으로 질병이 만연했고 관료들은 공갈과 갈취를 일삼았다. 정상 수단으로 생활을 영위하기 어렵게 된 유대인들은 정상 생활 행동 규범으로부터 멀어져 사기와 범죄, 뚜쟁이 질로 타락했다. 그리스정교로 개종하는 유대인들에겐 굴욕적인 반 유대법에서 풀어주고 보상금을 주었다. 만일 아내가 종래의 신앙을 고집하면 이혼토록 했고 개종한 사람들은 다른 유대인들로부터 보호를 보장했다.

탄압이 극심하던 시기에 유대인 5백만 중에 연간 1,300여 명이 개종했다. 러시아제국 밖에서 분노의 목소리가 거세지자 이그나티에프는 실각했고 5월 법안도 간헐적으로만 적용되었다. 그러나 그 법안의 존속 자체가 유대인을 불안하게 해 실제 1889년에서 1890년 사이 그 법안의 압력이 훨씬 가중되었다. 이런 분위기에서 1882년 6월 루드빅 자멘호프는 교복을 입은 채 바르샤바의 '키밧 시온' 창립 집회에 참석했다. 시온주의자 학생조직을 이끌던 그는 얼마 동안 여러 목적을 가진 단체들의 통합작업에 노력을 기울였고 1883년 8월 동료들과 함께 통합을 성공시켰다. 자멘호프는 새 조직의 집행부 요원이 되어 대담한 용기로 불법 비밀집회에 참석했다. 그는 '고프자멘(Gofzamen)'이란 가명으로《새벽》지에 글을 쓰곤 했는데 그 중엔 러시아어와 이디시어로 시온주의자 열망에 관해 쓴 시도 있었다.

1887년까지 유대 청년단체 '키밧 시온'에서 일하면서도 인류 평화에 대한 관심과 국제어에 대한 그의 열의는 바뀌지 않았다. 지속적인 언어교정과 위험스러운 지하 운동, 그리고 의

학 수업을 병행했다. 원래부터 약했던 그의 몸은 탈모가 될 정
도로 과로와 고된 일에 시달렸다. 몸은 나빠지고 있었지만 이제
그는 국제 종교의 가능성이란 또 다른 생각을 품고 있었다. 이
미 그는 국제어가 인간 사이 모든 장벽을 헐어버릴 수 없음을
자각하고 있었다. 그는 기성 종교들을 없애지 않고도 종교 간
관계를 완화시킬 어떤 통일된 종교 형태를 찾고자 했다. 당시로
선 아직 확실한 틀이 잡히진 않았지만 수 년 후 그는 다시 이
문제로 돌아온다.

1885년 1월, 자멘호프는 드디어 의사 면허를 받고 개업할 수
있게 되었다. 정식 면허를 가진 의사는 적절한 수입이 보장되어
있었다. 불과 25세였지만 깊은 사고와 폭넓은 경험 그리고 사려
깊은 모습으로 몇 살은 더 돼 보였다. 붉은 머리는 숱이 적어졌
고 청회색 눈은 피곤해 보였다. 그는 비아위스토크에서 북쪽으
로 수 백 마일 떨어진 작은 도시, 리투아니아의 베이제예에서
첫 개업을 했다. 그곳엔 모스크바 대학 시절의 친구 알렉산더
피코베르가 자멘호프의 여동생 파니아와 결혼해 살고 있었다.
의사가 된 지 얼마 안 돼 친구 알렉산더가 병이 들어 약제사
일을 중단하자 동생 파니아는 오빠에게 급히 도움을 청했고 자
멘호프는 그곳 여동생 집에 기거하면서 개업했다.

베이제예에는 자멘호프를 즐겁게 해 줄 많은 것들이 있었다.

마을은 호수, 강, 숲에 둘
러싸였고 갈색 곰, 들소,
사슴, 멧돼지가 숲속을 뛰
어 다녔다. 한때 초기 영
주의 장원이었던 그곳은
훌륭한 고성과 아름다운
수풀이 우거진 공원이 있
었다. 혼잡한 바르샤바 유

대구역을 떠나 축복받은 고요 속의 호수에서 조각배를 타는 일은 그동안 느껴보지 못한 모처럼의 행복이었다. 그러나 의사 개업 일은 쉽지 않았다. 농민들은 시대에 뒤떨어져 무지했고, 의사라고는 쿠크리얀스키라고 불리는 주술사가 한 명 있었는데 이 자는 환자들이 현대의학을 믿지 못하도록 하는데만 열심이었다. 처음엔 지역의 토지 소유자나 목사 같은 교육받은 이들이 자멘호프 의사를 찾았다. 그는 약간의 수입으로 카우나스 같은 곳으로 작고 비좁은 이륜마차를 타고 여행할 수 있었다.

어느 날 카우나스에서 돌아오는 길에 운 좋은 일이 생겼다. 길가에서 울부짖는 한 여자가 마차를 급히 세우면서 죽어가는 자기 아이를 한 번 봐 달라고 애걸하며 매달렸다. 자멘호프는 서둘러 그 집에 달려가 실신 상태의 작은 소녀를 진찰했다. 아이가 기침 때문에 숨을 제대로 쉬지 못하자 아이 엄마가 쿠크리얀스키를 불러왔는데 그가 아이에게 이상한 약을 먹였다는 것이다. 약 중독이었다. 자멘호프는 코트를 벗어 젖히고 진땀 흘리며 아이를 세 시간이나 돌보고 나서야 겨우 편히 앉아, 아이가 이제 회복될 수 있다고 말해 주었다. 그리곤 치료비를 받긴 커녕 가난한 농부 여인 손에 약값에 보태 쓰라고 1루블을 쥐여 주었다.

이 사건은 돌팔이 주술 의사와의 관계에 전환점이 되었다. 탄복한 여인네가 온 동네를 돌아다니며 새로 온 훌륭한 의사 이야기를 퍼뜨렸기 때문이다. 많은 환자들이 찾아왔고 수입도 올라갔다. 더 벌 수도 있었지만 그는 가난한 환자에게는 치료비를 받지 않았다. 자멘호프가 나중에 세상을 떠난 수 년 후, 당시 베이제예 노인들은 그의 명성과 언어에 대해선 아무것도 몰랐지만 그의 이름만은 곧 기억해 내고는 그 붉은 수염의 훌륭한 의사에 관해 묻는 이에게 답해 주었다. 그는 지나칠 정도로 동정심이 많았다. 한번은 화재로 집과 재산을 날린 어떤 이의 집에서 심하게 화상입은 아이들을 치료했는데 치료 후에 돌아올 차비도 잊은 채 자신의 돈을 몽땅 줘 버리고 지주한테 돈을 빌려 돌아오기도 했다. 어떤 날은 베이제예에서 카우나스로 가는 길에 지친 말이 진흙탕 길에서 과로로 죽자 생계수단을 잃고 상심해 울고 있는 마부에게 새 말을 사라고 50루블을 주며 위로하기도 했다.

능력과 박애심으로 명성을 얻었으나 아무리 유능한 의사라도 때론 좌절을 겪는 법이다. 타인의 고통에 민감했던 자멘호프로선 그런 좌절들이 더 고통스러웠다. 어느 날 그를 포함한 의사 4명이 부유한 노부인의 임종을 지키게 되었는데 환자를 살리지 못한 책임으로 자멘호프는 상속자로부터 치료비를 받지 않았다. 또 어린 아이들의 임종은 그의 민감한 성품으로는 참기 힘든 일이었다. 한 번은 호수가 지역에서 흔한 말라리아로 고열에 시달리는 어린 소녀에게 왕진을 갔다. 가능한 모든 의료수단을 다했으나 아이를 구하기엔 너무 늦었다. 소녀의 마지막 고통을 어쩔 수 없이 지켜보면서 자멘호프는 슬픔으로 정신이 이상해진 어머니를 보는 것이 너무 고통스러웠다. 상심한 여인의 고통에 찬 비명이 수 주일간 그를 괴롭혔다.

그는 자신의 기질이 일반 치료에 적합지 않다는 결론을 내릴 수밖에 없었다. 그는 고통과 스트레스가 적은 치료분야로 바꾸기로 했다. 그 선택에 있어선 아마도 보상의 법칙이 작용했을 것이다. 지독한 근시라 항상 안경을 써야 했던 그는 안과의로 전환하기로 했다. 기록이 분명친 않지만 1885년 5월 초, 바르샤바 유대인 병원의 유능한 유대인 안과학자 지그문트 크람슈티크 아래서 그의 연구를 보조한 것으로 보인다. 1886년 5월엔 빈으로 가 플로리아니가쎄가 8번지 하메란드 호텔(Hotel Hammerand)에 머물며 특별 안과과정에 참석했다. 그의 언어 창안과정의 최종단계가 베이제예에서 일어났다는 몇 가지 증거가 있다.

환자들을 본 후 새 언어 만드는 일로 책상에 앉아 많은 시간을 보내느라 일주일에 양초 약 3파운드를 태우곤 했다. 때로 마음이 지치면 작은 배로 노를 저어 잔잔한 호수로 가곤했다. 거기서 담배를 피워 말라리아모기를 쫓고 한편은 증오와 오해를 생각하고 한편은 자기가 세상에 내 놓을 언어를 생각했다.

5장 배우자

국제어 창안에 대한 이전의 시도들에 대해 사전 지식이 없던 자멘호프는 이즈음 처음으로 독일 가톨릭 신부 마르틴 슐라이어(Johann Martin Schleyer, 1831~1912)가 볼라퓍(Volapük)이란 국제어를 창안했다는 사실을 접하게 되었다. 그 신부는 무려 50개 언어에 능통한 사람이었다. 1884년 창안된 지 처음 4년 동안 볼라퓍은 어느 정도 성공을 거두는 것 같았다. 자멘호프는 자신의 계획을 포기하고 이미 발표된 이 언어를 도울 것인지 심각히 고민했다. 곧이어 볼라퓍을 연구하면서 기존 언어들을 축소한 어근에 기초하고 있어 언어소양이 부족한 보통 사람들은 배우기 매우 난해하단 사실을 알게 되었다. 명사의 격이 4가지나 됐고 동사도 불필요하게 까다로운 시제와 법으로 이루어졌다. 결국 자멘호프는 자신의 언어를 계속 해 나가기로 했다. 볼라퓍은 자체적 난해함과 논쟁, 사소한 수정조차 용납하지 않았던 창안자의 독재적 기질 때문에 얼마 후 실패로 돌아갔고 세인들로부터 잊혀졌다.

자멘호프는 노우리피보다 도심에서 멀고, 철도 소음이 들리는 무란오우스카가(街) 40번지에서 잠시 안과를 개업했다. 이 시기에 23세의 지적이고 미모의 한 여성이 바르샤바에 있는 자기 언니 집에 머무르고 있었다. 그녀 이름은 카우나스 출신 클라라 질베르니크였다. 루드빅 자멘호프는 유대 청년단체 '키밧 시온' 모임에서 그녀를 만난다. 그녀는 여러 면에서 자기 어머니 로잘리 자멘호프를 닮았다. 크고 인상적인 눈, 숱 많은 검은 머리, 예민하면서도 온화한 입매가 그랬다. 외견상 활달하고 재치 있고 자신감에 차 있었지만 천성적으로 진지한 성품의 소유자였다. 그녀는 인류에 공헌할 자신의 프로젝트에 대해 진지하게 말하는 이 내성적 청년에 공감했고 머지않아 자멘호프는 그녀에게 사랑을 고백한다.

클라라의 아버지 알렉산더 질베르니크는 카우나스에서 비누 공장을 경영했지만 많이 부유한 편은 아니었다. 자녀 9명을 둔 그는 74세 때까지 자신의 공장에서 몸소 일할 정도였다. 자기 딸이 사심 없는 인상의 가난뱅이 청년과 결혼하겠다 했을 때 우려했던 것은 당연했다. 그러나 자멘호프에게서 무언가를 발견하고는 딸과의 진지한 대화 끝에 결혼을 승낙했다.

"루드빅은 천재야. 앞으로 그를 헌신적으로 돕도록 해라."

클라라와 자멘호프는 앞으로의 계획에 대해 많은 이야기를 나눴고 1887년 3월 30일 두 사람이 약혼했을 땐 이미 둘 사이 공동의 목표를 위해 헌신하기로 다짐했다. 알렉산더 질베르니크와 딸 클라라는 결혼 지참금의 상당 부분을 새 언어에 관한 책 출간 비용에 쓰기로 하고 결혼 전에 루드빅이 쓸 수 있도록 지참금을 건넸다. 아름답고 가치 있는 믿음이었다. 적은 돈으로 러시아제국 내에서 책을 출판하는 건 쉬운 일이 아니었다. 폴란드어, 러시아어에 없는 특이한 액센트 부호 활자들을 새로 주문하도록 인쇄소를 설득해야 했고 그보다 어려운 것은 검열을 통과하는 것이었다.

자멘호프는 초판을 우선 러시아어로 출판하기로 했다. 당시 러시아어로 출판되는 책은 허가가 쉬웠고 일단 검열을 받은 후 다른 언어로 책을 낼 때 쉽게 허가를 받을 수 있는 이점이 있었다. 알렉산더 2세 암살 사건 이후 검열은 매우 엄격했다. 하지만 아버지 마르쿠스가 당시 바르샤바 러시아 검열관으로 있던 친구 로고도프스키에게 그 책이 무해하고 진기한 책이라 설득해 문제가 해결되었다. 당시 검열은 두 번이었는데 처음은 원고를 발행할 수 있기 위한 사전검열이고 두 번째는 완료된 인쇄물을 다시 검열관에게 제출해야 했다. 출판은 으레 지체되었고 자멘호프의 책도 두 달 동안 검열관 사무실에 처박혀 있었다. 그러나 로고도프스키의 도움으로 1887년 6월 2일 출판 허가가 떨어졌고 드디어 6월 26일 정식 판매가 허가되었다.

자멘호프는 에스페란토로 '희망하는 사람'이란 뜻의 에스페란토 박사(Dr. Esperanto)란 필명으로 책을 출간했다. 의사로서 이런 '기행(奇行)'에 대한 쓸데없는 의혹으로 곤란을 당하거나 형제들이 난처해 지지 않도록 본명 대신 필명을 쓴 것이다. 그러나 새 언어를 "국제어"(Lingvo Internacia)라고 정식 명명했음에도 에스페란토란 필명은 나중에 이 언어의 정식 명칭이 되었다. 책 출간을 바로 앞둔 8월 9일 루드빅과 클라라는 결혼식을 올린 뒤, 프레짜쓰가 9번지 작은 아파트에 신방을 꾸몄다. 클라라는 남편의 이상에 동조하여 남편을 격려하고 헌신적으로 도우면서 비서 일까지도 도맡았다.

그로드뇨의 유대인들은 바르샤바의 유대인들보다 폴란드 민족주의 열망에 더 공감하고 있었다. 루드빅과 클라라가 사정으로 얼마간 떨어져 있었을 땐 러시아 말도 폴란드 말도 아닌 새 언어 에스페란토로 사랑의 편지를 나눴다. 클라라는 러시아어 제목이 붙은 최초 소책자 발행을 시작으로 그녀의 긴 헌신의 내조 생활을 시작했다.

> Dr. Esperanto.
> 『국제어 입문과 분석』
> "한 언어가 국제적으로 되기 위해서는
> 그것을 단지 국제어라고 부르는 것만으로
> 충분치 않다"
> 가격 15코펙 바르샤바 켈터 출판사
> 노우리피가 11번지 1877년.

책은 단지 40쪽으로 되어 있고 작지만 유용한 러시아-에스페란토 사전이 부록으로 붙어 있었다. 이 작은 분량에 자멘호프는 신조어에 관한 문법 설명과 서문, 그리고 예문 6개를 담았다. 책의 서문은 독자들에게 편견을 버리고 '진지하고 비판적'으로 문제를 보아줄 것을 요청하는 것으로 시작했다. 그리고는 겸손하고 온건하며 이성적 어조로 언어장벽의 명백한 불편에 관해 지적했다.

"언어란 참으로 인류문화의 원동력입니다. 인간은 그 언어로 인해 짐승과 차별됩니다. 언어의 단계가 고도화될수록 인류의 진보는 더욱 빨라질 것입니다. 나는 내 삶의 가장 고귀한 시간들을 지금 독자제위께 제안하는 이 계획에 바쳤습니다. 나는 독자들께서 약간의 인내심을 발휘해 이 책자를 끝까지 읽어 주시길 부탁드립니다. 성과 없이 사멸한 이전 국제어 시도들의 창안자들에 비해 내가 더 자질을 갖추지도, 열정적이지도 못함을 느끼면서도 저는 이 주제에 대한 순수한 꿈과 깊은 생각에서 한 번도 벗어난 적이 없었습니다. 그러나 이런 생각의 결실로 몇 가지 다행스런 생각들이 이 일을 지속하는 원동력이 되었고 국제어를 창안하는 과정에서 겪었던 모든 어려움을 극복할 수 있도록 해 주었습니다."

자멘호프는 국제어가 갖추어야 할 세 가지 주요 문제를 설정했다. 첫째, 언어는 배우기 쉬워야 하고, 둘째 국제적 의사소통에서 즉시 사용이 가능해야 하고 셋째, 창안자는 세상 사람의 무관심을 극복하고 많은 사람들이 살아있는 언어로 이를 사용할 수 있게 해야 한다는 것이었다.

"이 문제의 해결을 찾는 방안을 설명하기 전에 나는 독자들이 이 문제들에 진지하게 숙고해 주실 것과, 내 제안이 지나치게 단순해 보인다는 이유만으로 검토를 거부하는 일이 없길 바랍니다. 대부분의 사람들이 복잡하고 난해할수록, 규모의 정도가 클수록 사안을 높이 평가하는 경향이 있음을 알기에 당부드리는 것입니다. 그런 사람들은 이 작은 책자가 지나치게 단순하고 상식적 규칙으로 구성되었다고 생각하고 보잘 것 없는 것으로 여길지 모릅니다. 그러나 사실상 가장 어려운 일이란 원래의 복잡함으로부터 단순함과 간결함을 끌어내는 것입니다."

그는 한 시간이면 완벽하게 문법을 배울 수 있다고 주장했다. 기본적 언어 소양과 보통의 기억력을 가진 사람이라면 누구나 가능하단 것이다. 사실 그 정도의 학생이 학습을 시작한 지

몇 시간 만에 간단한 에스페란토 텍스트를 읽고 이해하는 것은
어려운 일이 아니다. 물론 충분한 어휘와 실제적 국제어의 형태
를 온전히 습득하려면 시간이 걸릴 것이다.

Дъ ЭСПЕРАНТО.

МЕЖДУНАРОДНЫЙ
ЯЗЫКЪ.

ПРЕДИСЛОВIЕ
и
ПОЛНЫЙ УЧЕБНИКЪ.

[por Rusoj]

Чтобы языкъ былъ всемiрнымъ, не
достаточно назвать его таковымъ.

Цѣна 15 копеекъ

ВАРШАВА.
Типо-Литографiя Х. Кельтера, ул. Новолипьѣ № 11.

1887.

에스페란토의 전체 문법은 다음과 같다.

철자

A a B b C c Ĉ ĉ D d E e F f G g Ĝ ĝ H h
Ĥ ĥ I I J j Ĵ ĵ K k L l M m N n O o P p
R r S s Ŝ ŝ T t U u Ŭ ŭ V v Z z

품사

1. 부정관사는 없다. 모든 수, 성, 격에 같은 정관사 La가 있다.
2. 모든 명사는 -o로 끝난다. 복수를 만들려면 어미에 j를 덧붙
   인다. 격에는 주격, 목적격 둘만 있고 목적격은 주격에 어미
   n을 덧붙여 만든다. 다른 격들은 전치사를 붙여 표현한다 (소
   유격은 de, 여격은 al, 탈격은 per 또는 의미에 따른 전치사를
   부가한다).
3. 형용사는 -a로 끝난다. 격과 수는 명사와 같다. 형용사의 비
   교급은 pli라는 어휘를 사용하여, 최상급은 plej를 사용한다.
   비교급으로 접속사는 ol 이 사용된다.
4. 기본 수사는 격 변화를 하지 않으며, unu, du, tri, kvar, kvin,
   ses, sep, ok, naŭ, dek, cent, mil이 있다. 십 단위와 백 단위
   는 수사의 단순한 결합으로 이루어진다. 서수 분할은 po를 사
   용하여 나타낸다.
5. 인칭대명사 mi, vi, li, ŝi, ĝi(사물이나 동물), si, ni, vi, ili, oni
   (비인칭)소유 대명사는 형용사형 어미를 부가해 만든다. 어형
   변화는 명사와 같다.
6. 동사는 인칭이나 수에 따라 변화하지 않는다. 현재 시제는
   어미 -as, 과거 시제는 -is, 미래 시제는 -os, 가정법은 -us, 명
   령법은 -u, 부정사는 -i, 분사(부사적이든 형용사적이든)능동
   현재 -ant, 능동 과거 -int, 능동 미래 -ont, 수동 현재 -at, 수

동 과거 -it, 능동 미래 -ot, 수동태는 동사의 특수한 형태인 esti(to be)와 필요한 동사의 수동 분사, 현재를 사용해 만든다. 수동태를 위한 전치사는 de이다.

일반규칙
1. 모든 어휘는 쓰인 대로 읽는다.
2. 액센트는 규칙적으로 뒤에서부터 두 번째 음절에 둔다.
3. 합성어는 어휘의 단순한 결합으로 이루어진다. 이때 중요한 어휘가 끝에 오고 문법적인 어미는 독립적 어휘로 간주한다.
4. 또 다른 부정어가 있는 경우에는 어미 -ne는 생략된다.
5. 방향을 나타내기 위해서는 목적격 어미를 쓴다
6. 모든 전치사는 한정적이고 불변적 의미가 있다.
7. 소위 '외래어' 즉 외국에서 들어온 어휘들은 철자를 제외하고는 아무런 변화 없이 국제어로 사용한다.
8. 명사와 관사의 최종 모음은 생략하고 대신 아포스트로피 기호로 대치할 수 있다.

초기의 기초문법은 표현이 빈약하고 후에 더 많은 설명을 필요로 했으나 에스페란토의 전체적인 문법을 그대로 보여주고 있다. 이 언어로 쓰인 예문은 6개였는데 주기도문, 창세기 몇 구절, 편지 예문, 그리고 세 편의 시였다. 이 중 첫째는 자신의 젊은 시절 고독을 단순하지만 통렬하게 묘사한 「나의 생각(Mia penso)」이란 시였고, 둘째는 앞서 인용했던 하이네 시의 번역, 세 번째는 초기 에스페란토 구문의 표본이 될 시였다.

Ho, mia kor, ne batu maltrankvile,
오 내 심장이여, 거칠게 뛰지 말고
El mia brusto nun ne saltu for!

내 가슴 속에서 쿵쾅거리지 말라
Jam teni min ne povas mi facile,
이미 더는 지탱할 수 없으니
Ho, mia kor!
오 내 심장이여

Ho, mia kor'! Post longa laborado
오, 내의 심장이여, 긴 작업 끝나
Ĉu mi ne venkos en decida hor'!
결정의 순간에 다다랐으니 승리치않으랴!
Sufiĉe! Trankviligu de l' batado,
오, 그만, 박동이여 잠잠하라
Ho,mia kor'!
오, 내 심장이여

이 시는 책을 출판하기로 최종 결정하기 직전 쓴 것으로 보여 진다. 측량할 수 없는 고독과의 싸움, 희생과 가난으로 점철된 인고의 작업이었으나 자멘호프는 책표지 안 쪽에 다음과 같이 썼다.

"국제어는 다른 것과 마찬가지로 사회의 소유물입니다. 나는 창안자로서 국제어에 관한 모든 개인적 권리를 주장하지 않습니다."

루드빅과 클라라는 책자를 서점과 잡지사, 신문사에 보냈고 각국의 유명인사들에게도 보냈다. 즉각적인 성공을 기대하진 않았던 것 같다. 자멘호프는 언어학자로서의 명성도, 유용한 인적 네트워크도 갖고 있지 않았다. 그러나 그의 호소에 답신이 오기 시작했다. 질문과 조언, 동의의 편지들이 오기 시작했는데 그중에는 심지어 국제어로 쓰인 것도 있었다. 클라라는 매일 밤마다 자멘호프가 편지에 답을 달도록 도왔고 매주 금요일은 다음날 우체국에 주문받은 책을 포장해 보내느라 밤늦게까지 일했다. 이런 일들이 수년간 계속됐고 날이 갈수록 책 주문과 편지의 분량이 늘어갔다.

같은 해 자멘호프는 소책자를 폴란드어로 번역 출판했고 뒤이어 프랑스어 판을 냈다. 번역판 책들은 새로운 지원자와 학습자들을 끌어 모았다. 영어판 번역 발행이 필요했으나 자멘호프의 영어로는 부족했다. 초창기 학습자 중 하나였던 율리우스 스타인 하우스가 대신 영어 번역을 맡았는데 그 역시 신통치 않은 영어로 오류 투성이었다. 다행히 리챠드 조희건이란 아일랜드인이 영어 번역의 오류들을 발견했다. 그는 옥스퍼드 대학에서 언어학을 전공했고 알래스카 초기 역사의 권위자였다. 사람들이 스타인 하우스의 잘못된 번역판을 조롱하는 사이 조희건은 자멘호프의 국제어에 관심을 갖게 되고 새 언어의 가치를 알아차렸다. 그가 영어 사용자로선 최초의 에스페란토 학습자였다. 그는 자멘호프에게 편지를 보내 번역의 오류들을 지적하고 새 번역을 제안했다. 그렇게 1889년 조희건에 의해 새로운 영어판 『에스페란토 박사의 국제어(Dr. Esperanto's International Language)』가 발행되었다.

자멘호프는 자신의 책을 독일어로 번역했다. 독일의 레오톨드 아인슈타인이란 언론인은 볼라퓍 사용자로 볼라퓍에 관해 이미 2백여 편의 기사를 쓴 바 있었다. 그가 볼라퓍에서 에스페란토로 전향해 자멘호프와의 서신 교환을 통해 친한 친구가 되었다. 1888년 자멘호프가 아인슈타인에게 보낸 편지가 흥미를 끈다.

"저는 이 일에 가명으로 남아 있기를 원합니다. 하지만 당신 앞에선 나를 숨기고 싶지 않습니다. 저는 의사고 바르샤바대학에서 학위를 받았습니다. 제 나이 30세며 신이 허락한다면 생명이 끝날 때까지 이 일을 위해 헌신할 생각입니다. 저는 당신께서도 능력의 한 부분을 '국제어'를 위해 바치리라 믿습니다. 당신의 겸손한 봉사자로부터 존경과 경의를 받아주시길 바라며…."

에스페란토 문의가 쇄도하자 모든 문의자에게 일일이 답신을 쓰는 것이 불가능해졌다. 자멘호프는 초판보다 상세한 설명을 담은 두 번째 책을 내기로 했다. 온전히 에스페란토로 저술한 『국제어 제2서(Dua Libro de la Lingo Internacia)』가 1888년 1월 검열을 통과했다. 책의 서문은 번득이는 행복감으로 시작한다.

"저의 프로젝트에 보여주신 독자제현의 열렬한 공감에 감사를 표하기 위해 나는 존경하는 독자들 앞에 다시 한 번 서는 것이 의무라 느꼈습니다. 그 동안 받은 격려와 충고의 편지들은 인류를 향한 나의 뿌리 깊은 신뢰를 정당화 해 주었습니다. 인류의 선한 비범함이 각성되어 무관심하던 대중들이 이 일로 향하고 있습니다. 남녀노소 할 것 없이 공동의 건물을 짓기 위해 저마다의 돌들을 날라 오고 있습니다. 인류 만세! 전 인류 동포애 만세!"

이것은 오랫동안 자신의 감정을 감춰온 감성적이고 민감한 마음의 소유자가 지르는 탄성이었다. 자멘호프는 『국제어 제2서(Dua Libro)』를 몇 권의 시리즈로 출판하려 했다. 이 출판이 끝난 후엔 이 언어가 스스로 독립하여 자신은 무대 밖으로 사라지길 바랐다.

"어떤 이들은 언어를 말하는 대신 창안자에 대해 말합니다. 그들은 그동안 바쳐진 노력에 관심을 갖고 창안자에게 찬사를 보내고 이 일의 유용성에 대해 말하면서도 대중들이 이 일에 함께 힘쓰도록 설득하는 걸 잊고 있습니다. 또 어떤 이들은 저의 작업 속에서 학습이나 이론 원리를 찾으려 하지 않고, 익명에 가려진 저자가 아마도 학식이 충분치 않거나 공적이 있는 사람은 아닐 것이란 의구심을 갖고 창안자의 정체를 밝히는 일에 흥미를 느낍니다. 비평가들이 이 언어를 창안자로부터 완전히 분리할 수 있도록 저 자신은 스스로 박학한 언어학자도 아니고 별 공적도 없이 세상에 알려져 있지 않은 사람이란 사실을 공식으로 밝힙니다. 이러한 나의 고백이 새 언어에 관심을 가진 사람들에게 실망을 줄지도 모르겠습니다. 그러나 사람들이 창안자가 아닌 저의 작업으로 판단해 주길 원합니다."

때로 자멘호프는 우둔한 비판을 하는 사람들에게는 신랄하게 대했다. 새 언어가 듣기 좋은지, 아닌지 자기 귀로 직접 시험해 보는 대신 발음법칙의 이론부터 따지는 사람들이나, 백만인의 공인까지는 받을 수 없을테니 언어의 생명이 길지 못할 것이라고 말하는 사람들, 또는 초보자를 위해 문법적 어미들을 분리해 놓은 문장, 예를 들어 'En song/o, princ/in/o/n mi vid/is' 를 이해할 수 없고 형편없이 듣기 싫은 언어라고 떠들어 대는 이들이었다. 그러나 지적이고 합리적 비판에는 겸손과 진심으로 감사를 표했다.

"아무리 위대한 천재도, 그리고 저보다 훨씬 박학한 사람일지라도, 한 사람이 한 일에 실수가 없을 수 없다는 것을 잘 알고 있습니다."

안데르센 동화, 잠언, 「학생의 노래」, 하이네 시의 번역 같은 독본들이 잇달아 나왔지만 아직 소책자의 전집이 완성되지는 못했다. 이즈음 미국 철학학회에서는 국제어의 가능성에 대해 연구하고 있었다.

1887년 이 학회는 위원회를 구성하여 볼라퓍을 연구했으나 적합하지 않음을 확인하고 국제어로서 갖춰야 할 원칙들을 만들었는데 이 원칙들은 본질적으로 에스페란토의 그것과 같았다. 소식을 접한 자멘호프는 학회 사무국장 헨리 필립스에게 책자를 보냈고 고무적인 반응을 얻었다. 그는 이 언어야말로 자신이 가장 찾았던 것이며 가장 쉬우면서도 합리적이라고 극찬했다. 행운의 도움으로 자멘호프는 자신이 원해온 것을 성취한 듯 보였다. 책임 있고 권위 있는 조직은 이미 그의 일에 관심을 표하기 시작했다. 1889년에 발행된 제 2권에서 자멘호프는 국제어의 운명은 향후 열릴 철학학회 대회에 달려 있다고 선언하면서도 지지자들에게는 계속 하던 일을 지속하고 대회만 기다리지 말 것을 조언했다. 이 즈음 자멘호프는 새 언어에서 한 가지를 수정했는데 목적격 어미와 혼동을 피하기 위해, ian, ĉian, kian을 iam, ĉiam, kiam으로 고쳤다. 소책자에서 다음과 같은 말로 끝맺었다.

"이 작은 책자는 저자의 입장에서 하는 마지막 말이 될 것입니다. 오늘부터 국제어의 장래는 내 손을 벗어나 거룩한 사상에 동조하는 우리 모든 동지의 손으로 넘어갔습니다. 이제 우리는 각자 능력대로 이 일을 위해 일해야 합니다. 여러분 자신도 나만큼 우리 일을 위해 일할 수 있으며 많은 사람들은 나보다 훨씬 큰일을 할 수 있습니다. 왜냐하면 나는 가용자산도 부족하고 사랑하는 이 일에 내 시간의 극히 일부만 바칠 수 있기 때문입니다. 나는 할 수 있는 모든 일을 위해 노력할 것입니다. 국제어의 진정한 친구들이 제 자신이 지난 12년간 바쳐온 도덕적, 물질적 헌신의 백분의 일이라도 기여할 수 있다면, 우리 일은 순조롭게 진행될 것이며 머지않아 목표에 도달하게 될 것입니다. 우리 모두 노력하고 희망합시다!"

새로운 시대가 도래하는 것 같았다. 1887년 6월 11일, 클라라가 첫 아이를 낳자 아담으로 이름 지었다. 이 아이는 새롭고 이상적인 세상을 보게 될 것이다. 그러나□아이 아버지가 자신에게 다가올 운명을 미리 내다보지 못한 것은 다행이었다. 두세 달 동안 루드빅과 클라라는 순진한 행복 속에 보낼 수 있었다. 귀여운 아들, 자기 집, 새 언어의 성공 같은 것들이 원했던 거의 모든 것을 주었다. 그런데 예상치 않은 재앙이 들이닥쳤다. 자멘호프는 이제 폐허로부터 자신의 삶을 온전히 다시 일으켜 세워야 했다.

6장 아들과 아버지

1888년 10월 어느 날, 아버지 마르쿠스가 루드빅을 찾아와 자신이 엄청난 곤경에 처했다고 말해주었다. 신문에 차르 황제 모욕을 암시하는 글을 검열에 통과시킨 것이 잘못되어 검열관 직책을 박탈당했다는 것, 그리고 교사 자격까지 잃게 되면 이젠 생계까지 잃게 될지 모른다는 것이었다. 중한 벌금형이나 시베리아 유배형 선고까지 받을 수도 있다고 했다. 어머니 로잘리는 건강이 안 좋았고 동생들은 이제 열 셋, 열 하나, 아홉 살이었다. 마르쿠스는 늘 주의 깊은 사람이었고 편집자들은 그가 엄격한 검열관임을 잘 알고 있었다. 그 '모욕적'인 글은 보통 사람이라면 절대 차르 황제를 모욕하는 내용으로 받아들일 수 없는 것이었다. 《새벽》지에 과학 상식 칼럼이 있었는데, 1888년 9월 25일 자에 프렌켈 박사의 포도주 관련기사가 실렸다. 당시는 알콜남용이 중요한 사회 이슈였다.

희랍정교는 일 년 중 상당 기간을 금식기간으로 강제하고 있어 농민들이 영양결핍까지 걸릴 정도였는데도 정작 농부들의 건강을 황폐화 시키는 음주문제에 관해서는 소홀히 하고 있었다. 따라서 음주에 관한 조언은 매우 현명한 것이었다. 프렌켈 박사는 적당한 음주는 괜찮아도 과음은 건강에 해롭다고 썼다. 그리고 독자들에게 매일 4분의 1리터 이상은 음주하지 말도록 권고하고 다음과 같은 경고를 덧붙였는데, 이것이 바로 '황제 모독'으로 문제시되었다.

"그 이상의 분량은 건강을 잃게 하고 해를 끼친다. 삶과 죽음은 알콜에 달렸다해도 과언이 아니다. 과음은 다양한 질병을 낳는다. 지속적인 음주는 분별력을 잃게 하고 사람을 황폐하게 만든다."

상트페테르부르크의 상급 검열관 니칸디르 바실레비치 주스만은 술꾼인데다 평판이 좋지 않은 천박한 냉소주의자로 알려진 인물이었다. 이 사람이 오랫동안 별 이유도 없이 단지 평판이 좋다는 이유만으로 마르쿠스를 미워하고 있었다. 그가 이 무해한 구절을 차르에 대한 공격적 언급이라며 고발한 것이다. 당시 교육부장관 델라노프 백작이 그의 대부여서 마르쿠스 정도쯤 교직에서 쫓아내는 건 아무 일도 아니었다. 마르쿠스는 언젠가 이디시어 잡지인 《De Yidisher Veker (이디시어 유대 저널)》의 출판을 허용해 준 일로 주스만을 화나게 한 일이 있었다. 그 잡지엔 유대인 학살에 은근히 저항하는 시가 실려 있었다. 주스만은 마르쿠스 자멘호프를 이제 완전히 파멸시킬 계획을 세우고 있었다.

루드빅은 얼마 되지 않은 돈을 가지고 있는 유일한 가족이었다. 클라라의 결혼지참금 1만 루블에서 이미 절반을 에스페란토에 써버려 많은 돈이 있지 않았다. 루드빅은 아버지를 구하기 위해 남은 5천 루블을 아버지께 드렸다. 변덕스럽고 잔인한 관료들은 부패하기 마련이다. 상당 금액이 주스만에게 건네졌고 대부분은 술값으로 탕진되었을 것이다. 다른 관료들도 매수하였다. 마르쿠스는 검열관에 재임명 되진 못했지만 그나마 교직은 유지할 수 있게 되었다. 자금은 바닥났고 찾아오는 환자들도 많지 않을 때였다. 의사 동료들은 국제어에 천착하는 자멘호프를 비웃었고 환자들도 여가 시간을 온통 국제어 일에 몰두하고 있는 의사를 신뢰하길 주저했다. 여가 시간에 댄스를 즐기거나 카드놀이를 했더라면 오히려 건전하고 현명한 사람으로 여겼을 것이다. 그는 이제 에스페란토에 관심을 덜 쏟고 진료에 더 신경을 썼지만 괴짜라는 사람들의 비아냥이 그를 괴롭혔다.

이즈음 자멘호프는 에스페란토 잡지 발행 허가를 신청해 두고 있었다. 바르샤바 검열위원장 안쿨리오는 에스페란토에 호의적이지 않아 자멘호프의 유일한 희망은 상트페테르부르크에서 좀 더 고위층의 호의적 검열관을 찾는 것이었다. 열렬한 에스페란티스토였던 블라디미르 마이노프가 콘스탄틴 로마노프 대공작이 에스페란토에 관심을 갖도록 힘써 결국 그의 저서 중 하나의 번역 허가를 얻어냈다. 마이노프는 공직권 내에서 에스페란토를 후원하는 중요한 몫을 담당했다. 1889년 10월 자멘호프는 알파벳순으로 아아론스키(Aaronski)에서부터 주브리츠키(Zubricki)까지 천여 명의 주소가 담긴 최초의 주소록(Adresaro)을 발간했다. 주소의 대다수가 러시아제정 출신이었으나 영국, 호주, 헝가리, 프랑스, 독일, 스페인, 이탈리아, 루마니아, 스웨덴, 터키 외에 아메리카, 아프리카, 심지어 아시아 주소도 있었다. 이 주소록은 에스페란토 사용자들을 실질적으로 조직하는 시초가 되었다. 모든 일이 순조롭게 진행되었지만 1889년 내내 자멘호프는 금전 문제로 어려움을 겪고 있었고 게다가 아내 클라라는 둘째 아이까지 임신 중이었다. 낮에는 환자에 시달리고 밤에는 늦은 시간까지 책상에 앉아 편지 쓰는 일을 계속했다. 그해 4월 마이노프에게 보낸 편지에 다음과 같이 쓰고 있다.

"나는 부유하지 않습니다.… 재력이 부족하여 노보예 브렘야(Novoye Vremya)에 정보를 제공할 수도 없습니다.… 7월에는 여전히 금전 문제로 여러 나라 언어로 된 사전을 발간할 수가 없습니다."

그리고 12월에는 거의 자포자기했다.

"이미 나는 아무것도 발행할 수가 없습니다. 왜냐하면 가용
자금이 완전히 바닥났기 때문입니다."

9월 25일부터 11월 5일까지 《Hacefira(새벽)》지에 8회 연속
광고를 냈지만 별 소득이 없었다. 늦가을 자멘호프는 브레스트
리토프스크로 안과의사 자리를 얻기 위해 떠났지만 어떤 희망
의 조짐도 없었다. 무거운 마음으로 임신중인 아내와 어린 아이
들을 카우나스의 클라라 친정으로 보냈다. 소피아는 그곳에서
태어났다. 루드빅은 흑해 연안 케슨으로 개업하러 떠났다. 한니
발로프스카야가(街)에 하숙을 정하고 절약하려고 잘 먹지도 못
하고 불도 때지 않아 자주 감기에 걸려 건강은 점차 나빠졌다.
케슨에 안과의가 없으리라 생각하고 갔지만 이미 의사가 한 명
있어 두 사람 몫으로는 일이 충분치 못했다. 결국 내키지 않았
지만 장인의 도움을 받을 수 밖에 없었다. 병든 몸과 마음으로
다시 바르샤바로 돌아왔다. 클라라도 어린 아들과 함께 돌아와
노볼리피에가 21번지에 자리 잡았다. 자멘호프는 주소록을 가능
한대로 자주 발행했고 에스페란티스토들 사이 서신 교환도 왕
성했지만 책 발행 계획은 이제 포기하지 않으면 안 되었다.
1892년, 겨우 52세였던 어머니 로잘리가 세상을 떠났다. 자
멘호프로서는 큰 슬픔이었다. 아내에게만 애정을 보였고 자녀들
에겐 엄한 부친이기만 했던 마르쿠스는 아내가 떠나자 아들에
게 심적으로 더 기대게 되었다. 바르샤바에 돌아와서도 별 성공
을 못한 자멘호프는 1893년 10월 그로드뇨로 가서 개업하기로
했다. 11월 27일 가족들과 바르샤바를 떠나던 날, 자멘호프는

에스페란티스토 몇몇이 배웅 나와 격려의 말을 해주리라 기대했지만 정작 아버지와 형제들만 나왔을 뿐이었다. 가족은 폴비쎄이스카야의 라츠마니아에 숙소를 정했다. 얼마 동안은 모든 것이 순조로웠다. 진료단가는 바르샤바보다 낮았지만 수입은 더 나았다.

자멘호프는 머지않아 장인의 도움 없이 자립할 수 있길 기대했다. 그러나 그때 그로드뇨에 새 안과의사가 개업했다. 도시는 빈곤했고 두 명의 안과의가 생계를 유지할 만큼 일이 많지 않았다. 새로운 출구를 모색하지 않으면 안 되었다. 어찌 할 것인가? 클라라가 다시 바르샤바로 돌아가자고 조언했다. 자멘호프 역시 홀로 계신 아버지와 사랑하는 형제가 있는 바르샤바로 돌아가고 싶던 차였다.

장인의 도움으로 빈에서 얼마 동안 안과의 보수교육을 받고 1898년 클라라와 아이들을 데리고 바르샤바로 돌아왔다. 이제 모든 걸 새로 시작하기로 마음 먹었다. '이상한 사상'을 가진 의사를 신뢰하길 꺼리는 부르조아 환자들과는 결별하고 대신 가난한 사람들에게 눈을 돌리기로 하였다. 바르샤바 내 가장 가난한 유대인 구역을 찾아 직카가(街) 9번지에 자리를 잡았다. 거긴 너무 가난해 그동안 어떤 의사도 들어온 적이 없는 곳이었다. 거기서 다시 일을 시작했다. 개업한 곳은 창문으로 파워카 거리가 내다보이는 아파트 일층이었다. 마당은 지저분했고 주변은 항상 누추했으나 클라라가 조금씩 안락한 집으로 꾸며 나갔다. 40코펙 혹은 무료로 치료해 주기도 한다는 안과의사 소식을 들은 환자들이 그곳을 찾기 시작했다. 당시 일반 치료비는 1루블이었는데, 자멘호프는 반값도 안 되는 40코펙만 받은 것이다. 일하다가 눈을 다친 가난한 공장 노동자들, 어두운 곳에서 끊임없이 바느질을 하다 눈을 버린 부녀자들, 그리고 영양실조에 걸린 구루병 어린이들이 그를 찾았다. 못 배웠고 거칠고 땀에 젖어 악취를 풍기는 환자들이었다. 그러나 그들은 의사가 필요했고 그를 신뢰해 이웃에게 소개했다. 자멘호프가 환자 몇 명을 실명의 위험에서 구했다는 소식이 퍼지자 '직카 거리의 명의'로 이름이 나기 시작했다.

얼마 되지 않아 환자들은 아침부터 저녁까지 붐볐다. 낮은 치료 수가 때문에 보통 다른 구역에서 평균 열이나 열둘 정도면 충분한 환자를 거의 매일 삼사십 명씩 봐야 했다. 어떤 때는 환자에게서 20코펙만 받기도 하고 때로는 약도 거저 주었다. 첫해 1년 동안은 고된 나날의 연속이었다. 장인으로부터 매월 생활비 보조를 받아야 했던 자멘호프는 수치스러웠다. 계속된 영양실조에 몸과 신경은 극도로 쇠약해졌다. 자멘호프는 마치 자신이 한 조각 나무에 의지하고 있는 난파선의 조난자처럼 느껴졌다. 환상이 그를 괴롭혔다. 한때 일말의 희망을 품었던 그로드뇨로 아내 클라라와 자녀들을 데리고 가서 고생시켰다는 자책과 그로드뇨에서 고생하던 꿈을 꾸다가 깨는 일이 거듭되었다. 심리적 무력감이 엄습했다. 그러나 이 시절 클라라는 영웅적 면모를 보여주었다.사랑과 신뢰와 희망으로 병약한 남편을 헌신적으로 돌봤다. 재담과 활기찬 표정으로 남편을 안심시켰고, 남편이 서재에서 일하는 동안 아이들을 조용히 시켰다. 훗날 자멘호프는 그 시기가 그로서는 거의 미칠 것 같던 때였다고 고백했다.

1901년 드디어 수입, 지출 균형이 맞춰졌고 장인에게 더 이상 돈을 갖다 쓰지 않아도 되었다. 자멘호프는 넉넉지 못해 항상 가계에 신경쓰지 않으면 안 됐지만 그해부터 비로소 가족을 먹여 살릴 수 있게 되었다. 여러 해 동안 에스페란티스토들의 순례지가 되었던 직카가 9번지 그의 서재는 환자와의 상담실이자 작가의 서재였다. 방엔 수도관이 없어 꼭지 달린 작은 물통과 세수대야가 놓여 있었다. 벽에는 시력을 측정하는 큰 궤도가 걸렸고 그 옆엔 유리문이 달린 책장이 자리 잡았다. 네 칸으로 된 책장엔 에스페란토 책자들이 조금씩 채워졌다. 책상 위에 석유램프가 놓였고 의자와 소파가 방 안을 더욱 안락하게 해 주었다. 벽에 걸린 사진과 그림 중에는 동생 알렉산드라가 그린 것도 있었다. 의자에 앉으면 세상을 떠난 어머니와 살아계신 아버지 초상을 맞대할 수 있었다. 늘 사랑스런 눈으로 어머니 모습을 바라보았고 이제는 씁쓸한 생각 없이도 아버지를 바라볼 수 있게 되었다.

7장 검열

1887년 초 자멘호프는 각국에 산재한 에스페란티스토들을 연결해 줄 잡지를 출판하길 원했지만 부친 마르쿠스가 검열직에서 쫓겨나면서 소중한 인적 네트웍을 잃은 뒤였다. 1889년 3월, 자멘호프는 마에노프에게 그해 7월 중 국제잡지가 러시아에선 허가가 나지 않아 독일에서 시작될 것이라 썼다. 상트페테르부르크 검열관들과 좋은 관계를 유지하던 마에노프는 에스페란토에 호의적인 검열관을 찾다가 마침 에스페란토에 공감하는 게이스피츠란 검열관을 찾아내 그에게 맡겼다. 자멘호프는 이분의 도움에 감사하여 정중한 편지와 에스페란토 서적들을 선물로 보냈다. 이후 더 많은 에스페란토 책들이 바르샤바에서 출판되었다.

세계 최초의 에스페란토 잡지 《La Esperantisto (에스페란티스토)》가 1889년 9월 1일 뉘른베르크에서 발행되었다. 총 8 쪽으로 구성된 이 잡지는 독일어, 프랑스어, 에스페란토로 된 설명과 자멘호프가 직접 질문에 답한 장문의 글, 도서 목록, 시, 추천사, 광고 등으로 구성되었다. 한동안 이 잡지는 뉘른베르크의 세계 언어 클럽(World Language Club)회장 크리스티안 슈미트가 발행했다. 최초의 잡지는 비록 보잘 것 없었지만 진지하게 소임을 감당했다. 초창기 에스페란토 사용자들 대부분이 러시아 제국 내에 살고 있었기 때문에 러시아 쪽에서 잡지를 받을 수 있는지 여부가 중요했다. 첫 호는 별 문제없이 러시아로 들어갔지만, 제2호 반입은 검열로 지체되어 클라라는 남편이 케슌에 있을 때 마에노프에게 중재를 부탁해야 했다.

변덕스럽고 무지한 검열은 자멘호프에게 좌절을 주었다. 검열관이 개별적으로는 도움이 되었으나 검열이란 시스템 자체에 지연, 불공정이 내재돼 있었다. 한편 자멘호프는 대개의 개척적 소수 운동 지도자들이 직면하는 장애에 직면했다. 이런 운동에서 발견되는 인물들의 유형은 몇 가지 특징이 있다. 독립적인 사고 능력, 어떤 주제를 개인적으로 소화하고 남의 말을 모두 믿지 않는 능력, 내면적 순응 의지, 공포보다도 더 강력한 무기인 순응 욕구로부터 벗어나려는 정신적 힘, 당장은 가망없어 보이지만 대의를 위해 밀고 나가는 흔치 않은 특성들이다. 에스페란토 운동은 이런 희귀 유형의 존경할 만한 사람들을 끌어 모았지만, 동시에 소수 운동에서 피할 수 없는 성가신 괴짜들이나 기인들까지 끌어들였다. 자멘호프는 독립심 강하고 용감한 사람들이 모두 장단점이 있지만 스스로를 잘 조직해 내는 일은 쉽지 않단 사실을 깨달았다. 용기와 독립성이 필요한 조직마저도 과장되고 무익한 개인주의로 넘쳐 흘러, 예컨대 다수결 조차 받아들이지 못하는 무능력을 보여주었다.

자멘호프는 18개월을 기다렸지만 미국철학회는 예정된 대회를 소집하는 데 성공하지 못했다. 자멘호프는 에스페란토가 성공하기 위해선 외부적 도움보다 에스페란토 사용자들 스스로의 노력이 중요하다는 사실을 깨달았다. 이를 위해서는 세계적인 조직이 필요했다. 하지만 모든 에스페란토 사용자들이 아직 필요성을 명확히 인식하고 있는 건 아니었다. 초기《라 에스페란티스토》3호에서 자멘호프는 에스페란토조직을 만들어 사용자들이 제안한 다양한 언어 수정안을 처리하고 중앙 조직으로 활동할 기구 구성을 제안했다. 많은 논의와 유감스런 오해 끝에 자멘호프는 에스페란티스토들이 아직 조직을 구성할 준비가 되지 않았음을 알고 결국 포기했다.

1889년 12월 소피아에서 두 번째 에스페란토 잡지가 발행되었고, 그해 자멘호프는 작은 독일어-에스페란토 사전을 내 놓았다. 1891년, 12개 언어로 된 33개의 교과서가 출간됐고, 합법적인 클럽이 조직되었고 자멘호프는 이제 바르샤바에도 협력자들을 두게 되었다. 약사이자 초기 에스페란토 문학에 상당한 공헌을 한 휄릭스, 의사이며 에스페란토 작가이자 조직가였던 레온, 정신적으로 가장 가까웠던 알렉산더, 세 형제가 그들이다. 그리고 그 외 자멘호프의 절친이었던 안토니 그라보스키와 레오 벨몬트, 폴란드의 저명한 언어학자 보두앵 드 코트니, 에스페란토 운동의 선구자며 언론인 요제프 와스니에프스키와 알렉산더 브르조스토프스키, 통계학자 아담 자크루스키, 에스페란토 문학에 크게 기여한 카지미에르츠 바인 등 에스페란토 동료들이었다.

대담한 기사로 5번의 투옥과 1번의 추방을 당한 용감한 저널리스트 레오 벨몬트는 100권에 달하는 책을 저술했고 숙련된 번역가, 웅변가, 낭송가로서 언론계에서 에스페란토를 옹호하는 일에 열과 성을 다했다. 안토니 그라보스키는 자멘호프가 가족 외에 처음으로 에스페란토로 대화를 나눈 사람이었다. 한동안 그는 실패로 끝난 '개혁' 프로젝트에 자신의 정력을 낭비했지만 1903년 에스페란토로 돌아왔고 그 때부터 죽을 때까지 에스페란토 운동 조직가, 사전학자, 번역가로 에스페란토 언어의 발전을 위해 많은 공헌을 했다. 바르샤바 안질환 연구소와 폴란드 안과의사 협회 창설자이기도 한 카지미에르츠 바인은 사전 편찬자와 번역가로서 에스페란토에 매우 중요한 공헌을 했다. 그가 번역한 볼레스로우 프러스의 대하소설 『파라오』는 에스페란토 산문 번역 중 가장 뛰어난 작품 중 하나다. 1911년에 바인은 개인적 이유로 에스페란토를 그만두었지만, 80대 중반에 다시 에스페란토 운동으로 돌아와 존경받는 인물이 되었다.

1890년 후반 어느 날, 한 지인이 자멘호프에게 찰스 디킨스의 단편 소설 『전쟁 같은 삶』의 독어판을 보여주면서, 이 작품을 에스페란토로 번역하는 것은 불가능하다고 단언했다. 자멘호프는 그 책을 번역해 《라 에스페란티스토》에 연재함으로 그의 단언에 답했다. 그 번역은 전체적으로 만족스러워 에스페란토 문체의 하나의 모델이 되었다.

1891년에 자멘호프는 《라 에스페란티스토》에 많은 기사를 썼다. 그러나 52호에서 자금부족으로 운영을 당분간 중단할 수밖에 없다는 안타까운 고백을 해야 했다. 이러한 위기에서 샬케의 독일인 측량기사, 빌헬름 하인리히 트롬페터가 비록 부유하진 않았지만 《라 에스페란티스토》의 발행 경비를 대겠다고 나섰다. 덕분에 잡지를 구할 수 있었고 그는 1892년과 1894년 사이 《라 에스페란티스토》와 선전활동에 많은 돈과 시간을 투자했고 그 외 여러 책의 출판에 지원을 아끼지 않았다. 잡지는 1895년까지 계속되었는데 내용이 다양했고 진지했으며 대체로 훌륭했다.

당시의 주요한 논쟁거리는 언어의 수정 가능성에 관한 문제였다. 처음부터 자멘호프는 이 문제에 초대되어 고려할 가치가 있는 제안뿐 아니라 언어적 소양이 없는 사람들이 한 제안까지도 모두 받아들였다. 자신이 만든 언어의 세세한 면까지 직접 테스트 해보고 여러 변형을 모색하고 거듭해 단순화시켜 보기도 했고, 아주 무지한 에스페란토 사용자들이 낸 의견까지도 자신의 의견 같이 중요시했다. 언어 수정에 관한 개혁 요구의 대부분은 사실상 실수에서 비롯된 것들이었다. 에스페란토가 완전히 새로운 언어라는 점, 반대주의자들의 끊임없는 반대, 인간의 자연적 타성을 고려하면 상당히 고무적이었지만 '개혁파'들 눈에는 진전이 실망스러울 정도로 느린 것이었다. 그들은 이 문제를 언어의 자체적 결함 탓으로 돌렸다. 세부사항에 대한 사소하고 의심스런 논쟁들이 효율성을 방해할 정도로 자멘호프 자신을 포함한 많은 사람들의 에너지를 낭비했다.

1893년에 자멘호프는 드디어 《라 에스페란티스토》 구독자들로만 구성된 에스페란토 사용자 연맹을 결성했다. 그는 언어 수정에 대한 제안들을 민주적 절차를 갖춘 투표에 부칠 것을 약속했다. 사실 언어적 소양이 없는 초보자의 한 표가 자멘호프의 한 표와 같다는 점에서 그 투표는 과도하게 민주적이었다. 그러나 최소한 자멘호프가 다른 사람의 의견을 듣지 않는다는 비난은 있을 수 없었다. 이 기간 동안 에스페란토를 불어, 영어, 독어, 러시아어, 폴란드어로 번역한 『세계사전』이 발간됐다. 접사와 문법적 접미사가 매우 명쾌하고 간명하게 5개 언어로 해설되었다. 최초의 에스페란토 책은 900여 어근들이 포함됐는데, 『세계사전』에는 새로운 어근 1,740개가 추가되었다. 에스페란토의 독특한 접사체계 덕분에 한 개의 어근은 다시 열 개에서 스무 개 정도의 새로운 어휘를 만들어 낼 수 있었다. 1894년 『세계사전』이 출간 되었고 자멘호프는 햄릿 번역과 더 큰 사전 발간작업을 진행했다. 자멘호프는 생계유지에 고군분투하며 지쳐가던 이 시기에 자신들의 관점만 주장하는 '개혁가'들과 극단적 '보수주의자'들 사이에서 많이 괴로웠다. 압력이 쌓여가자 보기 드물게 자비롭고 인내심이 강한 이 남자가 마침내 분통을 터뜨렸다. 《라 에스페란티스토》 74호에 실린 기사에서 그는 지난 수개월 동안 하고 싶었던 말들을 쏟아냈다.

"가끔 우리는 다음과 같은 편지를 받곤 합니다. X씨 라는 분으로부터 온 편지입니다.
'제가 오랫동안 편지를 쓰지 않아서 아마도 내가 예전엔 에스페란토의 가까운 친구였다가 이젠 떠났다고 생각할 것입니다. 그렇게 생각한다면 착각입니다. 저는 언제나 에스페란토의 가장 따뜻한 친구로 남을 것이며 결코 잊지 않습니다. 하지만 내가 에스페란토를 위해 일했을 때 너무 많은 어려움으로 인해 손을 뗄 수 밖에 없었고, 세상이 아직 이 위대한 생각을 수용하기에 충분히 성숙지 못했다는 생각을 했습니다. 만일 상황이 변하고 세상의 무관심이 사라진다면 그때 나를 가장 활동적 지지자들 가운데서 다시 보게 될 것입니다. 내가 에스페란토 활동을 떠난 이후 그 사이 진전 상황이 어떤지 알려 주십시오. 예컨대 지금 어느 정도의 사람들이 이 운동에 참여하고 있고 어떤 새로운 책들이 출판되었는지 말입니다. 만일 《라 에스페란티스토》가 아직도 발간되고 있다면 내게도 한 부 보내주십시오. 내가 에스페란토를 완전히 잊어 버리지 않도록 가끔 내게 에스페란토 운동 소식을 보내주시면 좋겠습니다……'

친구들이여, 참으로 교화적이고 관대한 사고방식 아닙니까? 우리의 지칠줄 모르는 인내와 가열찬 노력으로 마침내 우리의 생각이 실현되었을 때, 지속적인 고통과 경멸과 조소를 이겨내고 이마에 흐르는 땀을 닦으며 고개를 들어 우리의 수고스러운 결실을 바라볼 때, 그 때 이 분은 즉시 우리와 함께 한다고 합니다. 승리한 후에야 비로소 가장 열정적인 투사 중 하나가 될 것이라 합니다! X씨는 '세상이 아직 성숙하지 않았으므로' 비록 우리 운동이 매우 가치 있는 것으로는 생각하면서도 라 에스페란티스토지를 구독할 만큼의 활동적 에스페란티스토일 수도 없다는 것입니다. O씨는 시간이 너무 많은 우리가 자기에게 가끔 우리 운동상황을 알려 줄 것을 부탁함으로 우리 대의에 대한 헌신을 표현합니다. 아닙니다! 사이비 에스페란티스토들이여! 모든 새롭고 유용한 아이디어는 부단한 투쟁의 과정을 거쳐야 비로소 승리가 얻어집니다. 우리의 끈질긴 노력으로 마침내 세상이 우리의 주장을 더 이상 못 들은 체 하지 않고, 더 이상

우리 운동이 '경멸할만한 환상'으로 여겨지지 않을 때, 에스페란토가 세계 곳곳에서 인정받을 때, 사이비 에스페란티스토들이여, 그 때 우리는 당신들이 필요하지 않을 것입니다.'

1894년 1월부터 자멘호프는 '개혁자들'의 보다 합리적인 수정 제안을 바탕으로 언어수정을 제안하는 일련의 글들을 발표했다. 그 자신은 원칙적으로 변화에 반대하지 않았지만, 너무 조급히 논의하는 것은 전략적으로 좋지 않다고 생각했다. 그러나 변덕스럽고 산만한 제안들에 문제를 맡겨 놓기보다는 자신의 지식과 경험을 토대로 변화를 유도하는 쪽을 선택했다. 문법에 관한 기사를 쓴 후 독자들에게 어휘수정을 제안할 시간을 주었고 수정된 어휘를 발표한 후 전체 투표를 요청했다.

1. 아무 수정없이 우리 언어의 옛 형태를 유지할 것인가?
2. 내가 제안한 새로운 형식을 그대로 받아들일 것인가?
3. 또 다른 방법으로 언어를 수정할 것인가?
4. 내 수정안을 원칙적으로 받아들이되 세부적인 부분만 다시 수정할 것인가?

자멘호프는 대부분의 지지자들에게 알려지지 않은 또 다른 문제로 골머리를 앓고 있었다. 《라 에스페란티스토》를 후원하던 트롬페터가 자멘호프에게 직접 수정 개혁안을 내놓지 않으면 지원을 끊겠다고 개인적으로 협박했기 때문이다. 많은 투표자들이 자멘호프에게 백지를 보내 위임했다. 그러나 자멘호프는 이들 표뿐 아니라 자신의 표도 행사하지 않았다. 이런 병적일 정도의 지나친 양심적 행동이 반대표를 가중시키긴 했으나 그는 현행 그대로 언어를 유지하자는 다수표를 획득하였다. 자멘호프는 에스페란토 사용자들에게 자기 견해를 강요하지 않았지만, 그들은 이를 받아들였다. 그러나 자멘호프는 여전히 재정난에 시달렸고 트롬페터의 지원은 더 이상 받지 못하게 되었다.

1894년 10월 위대한 언어학자인 막스 뮐러가 에스페란토가 현존하는 가장 훌륭한 국제어라는 내용의 편지를 보냄으로써 크게 고무되었다. 더욱 큰 명망을 가진 지지자는 레오 톨스토이였다. 수년 전 자멘호프는 톨스토이에게 〈국제어 제 1서〉를 보낸 적이 있었는데 그의 답장에 따르면 그는 이 책을 읽고 2시간 만에 어려움 없이 에스페란토를 읽고 이해할 수 있었다고 했다. 이어서 '에스페란토를 배우고 전파하는 것은 의심할 여지없이 기독교적인 일이고, 이는 인간 삶의 주된 목적이자 유일한 목적인 하나님 나라의 건설에 도움이 된다'고 덧붙였다.

1895년 톨스토이가 회원으로 있던 출판 그룹 포스레드니크가 《라 에스페란티스토》와 공동작업을 시작했였고 《포스레드니크 페이지》 각 호의 한 섹션을 할애했다. 톨스토이의 목적 중 많은 부분이 자멘호프의 그것과 유사하였고, 이 공동 작업은 재정난에 처한 자멘호프에게 도움이 되었을 것으로 보였다. 2월호에는 톨스토이의 글 '이성인가, 신앙인가'가 실렸다. 이 글은 종교 문제를 푸는 데 이성의 중요성을 강조한 글이었는데 반전통적이고 반권위주의적인 것이었다. 온건하고 경건한 언어로 문명화된 논쟁의 규칙을 충실히 따른 글이었다. 다음 호에는 중일전쟁을 다룬 포스레드니크의 긴 기사가 실렸다. 평화주의, 인도주의, 자유주의적 관점을 담고 있었고 전시 상황에서 정부가 '종교'를 위선적으로 사용하는 것에 대해 언급하였다. 이 두 기사는 잡지의 명성을 높여주었지만 동시에 예기치 않은 재난을 가져왔다. 구독자 4분의 3이 거주하고 있는 한 나라에서 내용을 문제삼아 잡지 발행을 허용하지 않겠다고 했기 때문이다. 자멘호프는 5월호에서 이에 대해 해명해야 했고, 더 이상 잡지를 발행하는 것은 재정적으로도 불가능했다. 차르의 검열이

다시 한 번 이상주의자를 좌절시켰다. 자멘호프는 상트페테르부르크 당국에 이 작은 에스페란토 잡지 발행을 허용해 달라고 요청했지만 헛수고였다. 톨스토이는 자신이 무고한 사람에게 고통준 것을 자책하고 중재해보려 애썼다.

　　스트라코프에게
1895년 5월 5일 모스크바

　드레스덴에 거주하는 자멘호프라는 의사가 있습니다. 에스페란토라는 국제어를 창안해 그에 관한 잡지를 발행하고 있습니다. 구독자가 600여 되는데 대부분이 러시아에 거주합니다. 내 친구들, 특히 트레구보프가 이 잡지를 지원하고자 이성과 신앙에 관한 저의 글과 네덜란드의 세금 미지급에 관한 글을 이 잡지에 보냈습니다. 이로 인해 러시아에서 이 잡지 발행이 금지되었습니다. 그리고 자신이 창안한 에스페란토에 열정적으로 헌신한 자멘호프는 저로 인해 큰 손실을 입게 되었습니다. 러시아에서 이 잡지가 재발행될 수 있도록 힘을 써 주실 수 없겠습니까? 저는 잡지에 아무것도 게재하지 않겠으며 그 잡지와 아무 관계도 맺지 않을 것입니다.
L. N. 톨스토이

　평론가이며 비평가이자 철학자이기도 한 스트라코프는 당시 외국 간행물 검열 위원장이었던 마에코프에게 이 문제를 일임했다. 그리하여 발행 금지는 취소되었으나 잡지를 살리기에는 너무 늦은 조치였다. 그러나 세상에는 더 자유로운 나라들이 있고 이제 그중 한 곳으로 에스페란토 저널리즘의 본부가 이전되었다.

8장 계속된 투쟁

　에스페란토와 여행에 열정을 갖고 있던 젊고 유능한 스웨덴 에스페란티스토 발데마르 랑데트가 1895년 여름 오데사의 포도 재배연구 소장인 러시아 에스페란티스토 블라디미르 거네트를 방문했다. 두 사람은 거네트의 재정 지원으로 우프살라 에스페란토 클럽이 새 에스페란토 잡지를 발행하는 것에 합의했다. 전문 편집자 폴 나이런이 편집을 맡았다. 1895년 12월 《Lingvo Internacia(국제어)》 창간호가 나왔고 잡지는 순조롭게 발행되어 1차 대전이 끝날 때까지 에스페란토 운동의 중심적 기관지 임무를 수행했다. 그러나 편집자가 자주 바뀌었고 발행처도 최초 헝가리에서 나중에 파리로 이전했다.

　1894년 자멘호프는 에스페란토의 올바른 사용에 관해 설명한 《Ekzercaro (활용사례 모음)》을 출판했고, 같은 해 자멘호프는 소책자 형태로 햄릿 번역물 4권을 출판했다. 레토 로제티가 셰익스피어를 에스페란토로 훌륭히 번역했고, 자멘호프가 번역한 햄릿은 완벽하기보단 유능한 번역이었지만 읽기 쉽고 말하기 쉽고 연기하기 쉬우며 대체로 원본의 맛을 잘 표현한 것이었다. ‘죽느냐 사느냐’ 라는 독백은 번역의 장점과 한계를 잘 보여주고 있다.

　　Ĉu esti aŭ ne esti, tiel staras

사느냐 죽느냐, 그것이 문제로다

Nun la demando: ĉu pli noble estas

가혹한 운명의 화살과 돌멩이를 견디는 것

Elporti ĉiujn batojn, sagojn

또는 고난의 바다에 무기를 들고 맞서는 것,

De la kolera sorto, aŭ sin armi

어떤 것이 더 고귀한가

Kontraŭ la tuta maro de mizeroj

아니면 우리를 둘러싼 고통의 바다에

Kaj per la kontraŭstaro ilin fini?

맞서 싸우고 그것을 끝내는 것이 더 고귀한가?

자멘호프는 영어 원본을 주로 사용했으나 때론 지나칠 정도로 독일어판에 의존했고 러시아어판이나 폴란드어판도 사용한 것으로 보인다. 대부분 번역은 훌륭했는데 여기저기에서 번역을 다시 번역한 의역도 보인다. 그러나 출현한 지 7년 된 언어로서 셰익스피어 번역은 훌륭한 것이었다.

같은 해 자멘호프의 『독어-에스페란토 큰 사전』이 출판되었고 1899년에는 『러시아-에스페란토 사전』이 나왔다. 기자 조셉 로드는 1902년에 키글리에서 영국 최초의 에스페란토 클럽을 조직했고, 런던에 있는 소규모 그룹은 이후 런던 에스페란토 협회로 발전했다. 당시 23세였던 볼링브로커 무디는 이후 영국 에스페란토 운동의 지도자가 되었다. 《The Review of Review》지의 편집장 스테드(W.T. Stead)는 에스페란토를 지원하는 일에 많은 노력을 기울였다. 볼링브로커 무디가 잠시 자신이 만든 잡지《The Esperantist(에스페란티스토)》를 편집한 후 영국 에스페란토협회가 창설되어 곧 자체 사무실과 서점을 갖추고 공식 기관지 《The British Esperantist (영국 에스페란티스토)》를 발행했다.

프랑스에서의 핵심 운동가는 루이스 보프롱이었다. 그는 처음 에스페란토 책을 읽고 국제어의 우수성을 깨달아 자신의 안(案)인 어쥬반토를 포기했다는 야심많고 까다로운 성격의 소유자였다. 그는 자멘호프처럼 부드러운 겸손함을 지니진 못했지만 탁월한 선전가였다. 그는 2중 언어로 된 잡지 《La Esperantisto(에스페란티스토)》를 발행했는데 잡지를 통해 반대자들의 주장을 명쾌히 논박하고 문법의 요점들을 설명하는 한편 모든 부류의 개혁주의자들을 날카롭게 공격했다. 그는 에스페란토 보급 협회를 설립해 어학시험과 대회를 조직하고 책을 출판하고 잡지를 발행하면서 에스페란토 보급을 위해 여러 저명한 프랑스인들을 접촉했다.

독일에서는 2중 언어 잡지가 수개월 동안 발행되었고 뒤이어 《Germana Esperantisto(독일 에스페란티스토)》가 발행되었다. 전국 독일협회와 국립 스웨덴 전국협회가 1906년 창설되었고 덴마크에선 1908년에 전국협회가 창설되었다. 러시아에서의 조직화는 어렵고 때로는 위험하기까지 했지만 러시아 에스페란티스토 연맹이 1908년에 창설되었다. 스페인, 이탈리아, 스위스, 불가리아, 루마니아, 오스트리아, 헝가리, 네덜란드, 미합중국, 멕시코 그리고 칠레에서 모두 1908년 지 전국적인 규모의 단체가 창립되었다. 그리고 브라질, 아르헨티나, 페루, 볼리비아, 우루과이, 베네수엘라, 쿠바, 오스트레일리아, 뉴질랜드, 일본 그리고 북아프리카, 콜롬비아에서 에스페란토 운동이 소규모로 일어났다.

다른 나라 에스페란티스토들이 러시아 에스페란티스토들이 겪는 특별한 어려움을 이해하고 있었던 것은 아니다. 한번은 표지에 크고 붉은 글씨로 혁명이라는 단어가 새겨진 불가리아 에스페란토 책을 자멘호프에게 보낸 사람도 있었다. 이것은 차르

경찰인 오크라나가 자멘호프를 시베리아로 유형보낼 수 있게
하기 충분한 것이었다. 자멘호프와 그의 친구들은 이 문제가 잊
히기까지 몇 주 동안 불안한 나날을 보내야 했다. 또 한번은
《링보 인테르나찌아》 구독자 명단에 핀란드어가 포함되어 있
다는 이유로 차르 경찰에 고발당하기도 했고 몇몇 러시아 에스
페란티스토들이 핀란드 분리주의를 고무했다는 죄목으로 재판
을 받기도 했다. 에스페란토는 5대륙과 희망을 상징하는 녹색
별을 상징으로 삼았는데 한동안 러시아 에스페란티스토들은 이
별을 달지 못했다.

9장 프랑스의 분열

　수년 동안 프랑스 에스페란토 운동 내부 싸움은 발전을 저해하였고 자멘호프에게 많은 고통을 가져다주었다. 첫 심각한 갈등은 미묘한 사업상의 거래로부터 비롯되었다. 처음엔 두 인물 사이의 알력에서 일어났다. 루이스 드 보프롱은 에스페란토 역사상 가장 수수께끼 같으면서 동시에 가장 애처로운 인물일 것이다. 그의 활동은 헌신적이었다고 할 수 있었지만 남아있는 초상화에서 보듯 그는 본질적으로 나약하고 불안정하며 취약한 사람이었다. 매너는 단정했지만 동시에 날카로운 목소리를 가진 신경질적인 사람이었고 그의 눈은 대화 상대를 바라보지 않았고 진실을 말하는 데는 병적일 정도로 무능했다. 그는 후작이었고 막스 뮐러 밑에서 한동안 언어를 공부했고, 철학과 신학을 공부했으며, 두루 여행을 다녔는데 특히 인도를 여행했다. 그는 모든 재산을 날리고 발진티푸스로 죽을 뻔 했다가 그 후 개인 가정교사로 생계를 유지했고 건강은 허약했다.

　보프롱은 일반적으로 존경을 받았다. 자멘호프는 그를 진정한 친구로 여겼는데 종종 자멘호프의 2인자로 여겨지곤 했다. 그러나 그의 보이지 않는 동전 뒷면은 사랑받고, 인정받고, 중요해지고 싶은 갈망을 지닌 불행하고 불안한 남자의 모습이다. 한동안 그는 자멘호프에게서 적절한 아버지상을 발견한 듯했다. 그러나 후에 프랑스 운동 지도자로서의 그의 지위는 중요인물로 인정받고자 하는 그의 집착을 충족시켜 줄 수 없었다. 그는 지나치다 할 정도로 언어 수정에 극단적으로 보수적인 견해를 취했다. 자멘호프의 윤리적 관점을 마음에 들어 하지 않았고 에스페란토를 단순히 언어로서만 다루려고 했다. 프랑스 활동가 입장에서 본다면 옳을지 모르나 에스페란토의 윤리적, 정서적 배경이 에스페란토 운동에 역동성과 놀라운 인내력을 제공했다는 사실을 그는 깨닫지 못했다. 이런 배경이 없었다면 에스페란티스토들이 자신의 경력을 위험에 빠뜨려가면서. 부의 가능성을 포기해 가면서까지 지하 활동을 하지도, 문자 그대로 고난을 감수하려 하지도 않았을 것이다. 보프롱은 자신이 논리적 인간이라 생각했지만 스스로 생각한 것보다 훨씬 내면이 얽히고 설킨 감정의 희생자였다.

그의 라이벌은 과학박사이자 전문 수학자인 칼 불렛(Carl Bourlet)였다. 마른 체격에 잘 생기고 지적인 사내였고 엄청난 정력과 번득이는 재치를 가진 사람이었다. 뛰어난 기억력에 즉흥적으로 멋진 연설을 하고 실용적 계획을 잘 세우기도 했다. 보프롱처럼 그도 자신을 신뢰하는 인상을 보였지만 솔직하고 개방적이며 정직했다. 그의 도움과 진실한 호의는 솔직하고 진심에서 우러나왔다. 1901년 불렛은 강력한 출판사와 계약을 맺는 것이 자멘호프에게 도움이 될 것이라고 생각했다. 불렛은 잘 나가는 프랑스 출판사 하셰트(Hachette)사의 이사 중 한 사람인 브렝땅과 개인 친분이 있었고 자멘호프의 출판은 실력있는 프랑스 에이전트를 통해 진행해야 한다고 생각했다. 불렛은 브렝땅을 보프롱에게 소개해 주고 자신은 공손히 표면에서 물러났다. 계약은 1901년 7월에 이루어졌다. 자멘호프는 보프롱에게 에스페란토 서적을 프랑스 하셰프에서 출판할 수 있도록 독점권을 주었고, 다른 나라 출판사들과도 계약을 맺을 수 있도록 주선했다. 그는 책이 전집으로 출판되기 전 책에 대한 권리를

'승인' 해 주었다. 자멘호프는 계약 조건으로 보프롱이 선택한 출판사가 자신의 책과 자기가 개별적으로 승인한 책만 출판할 수 있다고 이해했는데 하셰트사는 이 계약을 에스페란토로 출판된 그의 모든 책에 대한 독점권을 갖는 것으로 해석했다. 두 번째 계약은 자멘호프가 보프롱이 선택한 출판사의 독점적 권리를 수락하고, 하셰트사가 출판할 에스페란토 책을 '승인'할 권리인으로 보프롱을 지명하는 내용이었다. 세 번째 계약이 있었는데, 자멘호프 자신은 이 계약의 내용에 대해 전혀 알지 못했다. 보프롱이 자멘호프가 일생 쓴 모든 서적에 대한 인쇄, 출간, 판매 독점권을 하셰트사에 넘기는 내용이었다. 즉, 보프롱은 계약으로 자멘호프를 일생동안 하셰트사에 묶어 버렸고 그 자신은 에스페란토에 대한 독점적 권한을 갖게 일을 꾸민 것이다.

에스페란토 서적이 하셰트사로부터 출간되자 자멘호프는 저작권을 받기 시작했다. 하셰트는 계약서 내용상 에스페란토 서적 출판 독점권이 자기들에게 부여된 것으로 해석했고, 이때 프랑스 에스페란토 지도자중 한 명인 테오필레 카르트가 자멘호프에게 그가 독점권을 포기했는지 여부에 대한 확인을 요구했다.

1902년 6월과 7월에 불렛은 이 계약의 세부 사항을 알고 난 후 아연실색했다. 마침내 참을 수 없게 된 자멘호프는 앞으로 투명한 계약이 아니면 책을 출간하지 않겠노라고 선언했다. 많은 논쟁을 거치고 나서야 계약이 취소되고 새로운 계약을 맺었다. 자멘호프는 하셰트사에 자신의 작품과 함께 자신이 승인한 책들을 출판할 수 있는 독점권을 주었지만 다른 에스페란티스토들의 자유를 침범해서는 안 된다는 요지를 확인했다. 하셰트사는 자멘호프에게 꽤 좋은 로얄티 조건을 제시했다. 자멘호프의 사업적 미숙함에도 책임은 있었다. 보프롱이 권력의 욕심은 있을망정 돈 욕심도 있었을 거라는 증거는 없었다. 그의 현명하지 못한 일 처리 방식이 나쁜 감정을 유발한 한 요인이었다. 불렛과 보프롱은 이 사건 때문에 사이가 심각히 틀어졌고 오랫동안 자멘호프가 에스페란토로 큰돈을 벌고 있다는 불유쾌한 소문이 떠돌았다. 창안자가 왜 그래선 안되는 것인지 모르지만 소문이 퍼져 자멘호프는 1903년 《링그보 인테르나찌아》에 해명 글을 써야 했을 정도였다. 점점 불어난 소문은 프랑스 운동에까지 해를 끼쳤다. 그러나 하셰프사와의 계약에 긍정적 측면이 있는 건 사실이었다. 하셰트사 덕택에 자멘호프는 재정 상태가 많이 개선되었고 권위 있는 회사들에 의해 좋은 에스페란토 서적들이 대량으로 출간되기 시작했다. 하셰트사에서 출판된 자멘호프의 첫 저작은 『Fundamenta Krestomatio(중요 문선집)』였다. 에스페란토 안내서, 연습예문, 이야기, 전설, 논설, 작시, 번역시들을 담은 책이었다. 이 책은 초창기 에스페란토 서적 중 가장 큰 규모의 책으로 제일 훌륭한 에스페란토 서적이라는 찬사를 들었다.

이 책에 실린 「국제어의 본질과 미래」는 중요한 에스페란토 논설거리였다. Unuel ('누구 중 하나')이라는 뜻의 가명(假名)으로 쓰였지만 자멘호프 자신이 쓴 것이었다.

'인류 역사상 훌륭한 역할을 해낸 모든 사상은 항상 유사한 운명을 맞는다. 처음 등장했을 때 동시대 사람들은 놀라울 정도로 완고한 불신뿐 아니라 심지어 적대감으로 그것을 대하고, 선구자들은 많은 투쟁과 고통을 겪는다. 그들은 때로는 미친 사람, 어리석은 사람, 심지어 해를 끼치는 자로 오해받는다. 무의미하고 어리석은 짓에 시간을 보내는 사람들은 유행과 군중의 생각과 맞아떨어지기만 하면 삶의 모든 좋은 것들을 누릴 뿐 아니라 교양인 또는 ' 귀중한 공인 '이란 명예로운 이름을

ESPERANTO
Verkaro - de
Dᵒ. ZAMENHOF

FUNDAMENTA
KRESTOMATIO
DE LA LINGVO

ESPERANTO

DE

Dᵃ L. L. ZAMENHOF

PARIS
ESPERANTISTA CENTRA LIBREJO

누린다. 반면에 새로운 사상의 선구자는 냉소적 비웃음과 공격을 받는다. 정보가 부족한 사람들은 높은 곳에서 내려다보며 어리석은 일에 시간을 낭비하고 있다고 비난한다. 기자들은 이 주제에 대해 알아볼 수고조차 하지 않은 채 '영리한' 기사를 쓰고, 항상 떠들썩한 것만 쫓는 대중들은 웃고 낄낄대며 일고의 감각이나 논리가 있는지 단 1분도 고민하지 않는다. A, B, C가 단지 그러하기 때문에 이러한 사상들에 냉소적이고 경멸적인 태도가 당연하다고 생각한다. 그러면서 새로운 사상에 대해선 사려하길 두려워하는데 이는 그들이 미리 난센스에 불과하다고 생각해 나중에 이를 번복해야 하는 바보가 되기 싫기 때문이다. 만약에 그들이 잠깐만이라도 깊이 생각한다면 좀 더 진지하게 문제를 받아들일 것이다. 사람들은 이런 현실 속에서 그런 발상을 하는 괴짜들이 왜 정신병동으로 보내지지 않은지 의아해한다. 그러나 시간이 지나면 고통과 투쟁 끝에 반드시 목표를 달성하게 되고 인간은 이 새로운 성취 때문에 다양한 이익을 얻게 되고 풍요로워진다. 그리하여 역사는 바뀐다. 그러나 이 새로운 생각이 두루 퍼질 때 쯤이면 사람들에게는 너무나 단순하고 '당연한' 것처럼 보여 인류가 어떻게 그것 없이도 수천 년 동안 살아 왔는지 이해하지 못한다.'

자멘호프는 그런 운명을 맞이한 선구자들의 예를 들며 대중들에게 각기 판단에 따라 사고할 것을 호소했다. 그런 다음 그는 국제어가 필요한가, 원칙적으로 가능한가, 실용화 될 희망은 있는가, 언제 사용할 것이며 어떠한 언어여야 하는가, 현재 진행하는 에스페란토 운동은 시기상 적절한가, 아니면 시기가 이른가 하는 등의 질문들을 분석했다. 첫 질문은 긍정적이었고, 둘째, 세째 질문도 마찬가지였다. 그런 목적을 지닌 언어는 결국 신조어야 하고 무의미한 성에 따른 변칙도, 격변화나 어형변화 같은 분류도 없어야 한다. 또 불규칙성이나 비논리적인 철자도 피해야 하고 되도록 수학과 같은 완벽성을 지녀 모든 가능한 개념을 다 표현할 수 있어야 한다. 이런 면에서 에스페란토는 최상의 신조어였다. 승리는 필연적이며 노력의 대가는 반드시 얻게 될 것이다. 다른 이들의 말이나 행동에 구애받지 않는다면 모든 이들이 큰 집을 짓기 위해 벽돌 한 장이라도 나를 수 있을 것이며 이는 결코 헛된 일은 아닐 것이다.

자멘호프가 에스페란토로 쓴 이 글은 명문 중의 하나로 오늘날까지 인정받고 있다.

『Fundamenta Krestomatio(중요 문선집)』는 중요했을 뿐 아니라 양도 방대해 자멘호프의 자력만으론 출간이 역부족이었다. 그러나 하셰트사와 맺은 계약은 이점도 있었지만 몇 가지 이상한 일도 있었다. 이를테면 하셰트사는 자멘호프의 허락없이 그의 사인을 남용해 책을 출판했다. 책을 본 자멘호프는 반대할 생각은 없었지만, 자신의 이름을 도용한 것에 대해 당연히 이의를 제기했고, 보프롱은 이에 대해 책임이 있었다. 불렛이 직접 본 건 아니었으나 하셰트사는 1903년 6월 보프롱이 자기 지위를 이용해 스페인에서 다른 책보다 자기 책을 우선적으로 홍보하고 있다는 서면 증거를 받았다고 했다. 하셰트사는 보프롱과 결별했고 긴급히 필요했던 프랑스-에스페란토 사전도 출간되지 않았다. 불렛과 보프롱 사이는 더욱 악화되었고 자멘호프는 화해시켜 보려 애썼지만 소용없었다.

히폴리테 세베르 장군은 예기치 않게 발견한 인물인데 그는 탄도학 분야에서 세계적으로 유명한 권위자이자 대규모 철강회사의 기술 이사였고 전기 기술 분야의 선구자였다. 포병 장교로 재직할 때는 뉴칼레도니아에서 중요한 탐험작업을 수행했다. 그는 무연 화약, 어뢰 및 여러 종류의 연구 장비를 발명하는 데 큰 공을 세웠다. 수많은 과학 논문을 집필했고 과학협회 의장을 역임한 인물로 1890년 51세로 은퇴할 때까지 과학 산업 분야에 투신했다가 1898년 에스페란티스토가 되어 90세 되기 일주일 전에 죽음을 맞이하기까지 에스페란토를 위해 훌륭한 업적을 남겼다. 그는 정력적이고 진취적이면서도 유능한 조직가였다. 에스페란토에 관한 많은 글을 썼고 보급 운동에 많은 돈을 기부했다.

에밀 보이락은 그레뇨블과 디종대학의 총장으로 1900년에 에스페란티스토가 되었는데 상당한 평판을 가진 철학자였다. 잘 생긴 외모에 건강이 좋았고 온화한 기질에 신사다웠지만 권위적 풍모가 풍겼다. 뛰어난 심리적 통찰력을 지녔고 부드러우면서도 유창한 말솜씨, 뛰어난 유머 감각의 타고난 피스메이커였다. 그는 여러 에스페란토 그룹을 조직하여 대학교수들을 가입시켰고 지식인을 대상으로 한 보급용 팸플릿을 집필했다. 몰리에르의 『돈 주앙』과 반 듀크의 『'또 다른 현자』를 에스페란토로 번역했고, 에스페란토 사전을 편찬하고 프랑스와 에스페란토 언론에 많은 글을 기고했다. 초자연적 현상에 대한 연구에도 관심을 가졌으며, 일련의 개인적 비극을 겪은 후 66세의 나이에 삶의 의지를 스스로 포기함으로써 생을 마감했다.

파리의 교사였던 테오빌레 카트는 좋은 사람이었지만 골칫거리이기도 했다. 1901년 46세때 에스페란토를 학습해 열정적으로 에스페란토를 위해서 일했지만 그의 언어적 보수주의는 종종 현학적이었고 때로는 사람들에게 무례한 태도를 보였으며, 나중에 프랑스 에스페란티스토들 사이 벌어진 수많은 분쟁에 큰 책임이 있었다. 그는 보프롱에게 돈을 받고 하셰트를 위해 종종 교정을 맡았고, 프랑스-에스페란토 교과서를 집필하고 사전을 편찬했다. 시각장애인을 위해 점자 에스페란토 잡지 'La Ligilo(연결)'를 창간하기도 했다. 알프레드 미쇼는 변호사로 넓은 어깨에 푸른 눈을 가진 활달하고 매력적인 인물로 비행 청소년을 위한 활동가이자 밀항자들을 위한 변호사로 활동했고 에스페란토 운동의 훌륭한 조직가이기도 했다. 프랑스, 벨기에, 네덜란드, 영국에서 수많은 강연을 했고 솔직하고 친절한 태도로 큰 인기를 끌었다.

르네 레마이어는 젊어서 두 번째로 프랑스 에스페란티스토가 되었고 1892년에서 1897년까지 고립에 처한 보프롱과 같이 일을 했으나 결국 법의학을 전공하여 성공적 사업가가 되었다. 그는 초기 에스페란토 출판에 금전적 지원을 아끼지 않았고 에스페란토 활동으로 인한 과로로 건강을 해치기도 했다.

세 번째 프랑스 에스페란티스토가 된 프랑스인은 포병장교 출신으로 중년에 평화주의자가 된 가스통 모크였다. 그는 드레퓌스파(派)였고 '인권협회'의 회원이었다. 그는 국제 평화운동에 참여하여 특히 선전가로서 에스페란토를 알리는 데 일익을 담당했다.

다른 프랑스 에스페란티스토들로는 학창 시절 루앙스에서 에스페란토 클럽을 설립하고 이후 에스페란토 운동에 헌신적인 노력을 기울인 가브리엘 샤베, 수년간 《Lingvo Internacia(국제어)》지 편집을 담당한 폴 푸르익티에르, 1908년 늦게 운동에 참여해 무수한 글을 발표하고 에스페란토 사업에 상당한 액수를 기부한 어니스트 아치데이콘 등이다. 아치데이콘은 변호사로서뿐 아니라 사진술과 지도 제작술에 놀라운 발명가로서 기구와 항공에도 조예가 깊어 프랑스 자동차 협회 창립에 힘을 썼고 증기자동차로 쎄르폴레와 처음 여행에 성공하기도 한 다방면에 능력있는 인물이었다.

프랑스 에스페란토 운동에는 능력 있고 인성 좋고 영향력 있는 인물이 많이 있었으나 그들 간의 잦은 분쟁이 훌륭한 성과를 망치기도 했다. 프랑스 밖에 있다가 운동에 끼어든 차알스 레마이어를 자멘호프는 '벨기에 에스페란토 운동의 진정한 아버지' 라고 예찬했다. 레마이어 중령은 벨기에 속국 콩고의 개척자로 유명한데 그의 매력적인 선전문은 많은 벨기에 지식인들을 에스페란토로 이끌었다. 1902년 레마이어는 월간 잡지 《Belga Sonorilo(벨기에의 종)》을 발간했다. 1905년 벨기에 에스페란토협회가 창설되는데 후에 벨기에 에스페란토 연맹으로 바뀐 이 협회 회장은 아마츄스 반 드 바이스-안델호프였다. 그는 건강을 해쳐 심지어 에스페란토 때문에 죽었다는 이야기가 있을 정도로 헌신적으로 일을 했다. 차알스 레마이어가 연맹의 초대 회장이었는데 용감하고 활기차며 관대한 사람이었지만 그는 훗날 자멘호프의 인생에서 가장 고통스러운 경험 중 하나에서 안타까운 역할을 하게 된다.

1905년 이전까지 자멘호프는 그의 열렬한 추종자들을 거의 만나지 못했고, 그들 사이 불화로 불안을 안겨주기도 했지만 그들은 인정받을 만한 가치가 있는 이들이었다. 자멘호프의 입장은 그들을 달래고, 자선과 인간애에 호소하고, 모든 사람을 칭찬하고 격려하는 것이었지만 난감한 것은 누구를 믿어야 하는가 하는 문제였다.

1905년 그는 프랑스를 방문해 이전에 단지 우편으로만 친분을 나눴던 친구들을 만나고 처음으로 세계 에스페란토대회에서 감동적인 승리감을 맛볼 수 있었다. 이보다 더 행복한 것은 1904년 1월 29일, 가장 소중한 아이, 막내딸 리디아가 태어난 것이었다. 지긋지긋한 가난과 불안에서 벗어난 자멘호프는 어린 딸을 통해 기쁨을 찾고 좀 더 여유롭고 덜 쓸쓸한 가정생활을 즐길 수 있었다.

10장 승리

1904년에 이르러 에스페란토가 서신, 번역, 다양한 형태의 문학 작품에 완벽히 사용된다는 사실을 정직한 연구자들이라면 누구도 부정할 수 없게 되었다. 그러나 이 신조어는 서로 다른 나라의 사람들 사이에서 아직 구두로 사용되어 본 적이 거의 없었다. 최초로 조직된 국제적 모임은 1904년 8월 7일 칼레에서 벨기에인, 독일인, 체코인 각각과 영국인, 프랑스인 등 약 180명이 모인 모임이었다. 여기에 토론과 사교행사가 매우 성공적이어서 참석자들 대부분이 같은 경험을 다시 하길 바랬다. 그리하여 미쇼는 이듬해 불로뉴쉬르메르에서 대규모 국제적인 에스페란토 대회를 계획하고 이들을 초대했다. 이 초청은 다소 무모해 보였지만 결국 성과로 정당화되었다. 1904년 9월 26일 미쇼에게 보내는 편지에서 자멘호프는 다음과 같이 썼다.

'나는 항상 집에 머물러 있어 세상에 대해 아는 것이 적고 어떤 회의나 축제에도 참여한 적이 없어 유용한 충고를 많이 드릴 수 없습니다.'

그러나 그가 남긴 대회 관련 제안 편지들을 보면 현명한 제안들로 차 있고 깊은 내면적 통찰력이 세상 경험의 부족을 충분히 보완하고 있다. 그의 아이디어 대부분은 세계 에스페란토 대회의 전통 프로그램 중 일부분이 되었다. 자멘호프는 대회에 열광했지만 이미 건강이 좋지 않았고 수년간 과로가 누적된 상태여서 직접 대회에 참가하고 싶지는 않았다. 대중 연설에도 익숙하지 않았고 또 연설하기에 너무 여린 목소리를 가졌다. 그는 자신의 세련미 부족을 뼈저리게 느꼈다. 게다가 대중 앞에서 인사를 하는 것을 어색해 했고 자신을 기리는 행사까지 계획되고 있다는 사실을 알게 되자 미쇼에게 편지를 보냈다.

"개인적으로 나와 관련 있는 어떤 프로그램도 대회 행사에 넣지 말아 주십시오. 나는 대회 회원들이 나를 에스페란토 창안자로서가 아니라 단지 하나의 단순한 에스페란티스토로 여겨주기를 바랍니다. 대회에서 에스페란토 창안자는 죽었거나 존재하지 않는 것으로 간주돼야 하고 대회에는 단지 운동만이 있어야 합니다. 나는 창안자가 아닌 '유능한 에스페란티스토'로서만 그 회의를 진행하겠습니다. 이것은 '겸손'이 아니라 '필연'입니다."

그는 개인적 숭배의 위험성뿐 아니라 프랑스에서 일어난 적대와 사소한 언쟁들이 운동에 끼친 해악을 생각했던 것 같다. 계획된 첫 세계 대회 회람에 대한 반응은 굉장했다. 많은 에스페란티스토들이 참가 신청을 했고 주요 신문 몇몇이 대회 개최 소식을 보도했고 어떤 독자들은 기부금까지 약속했다. 대회 조직위원들은 숙박 서비스, 안내사무소, 풍성한 문화 및 사교 프로그램과 전시회를 계획했다. 엄청난 정력과 탁월한 감각을 가진 미쇼가 대회 조직을 이끄는 동안 자멘호프는 피곤하고도 사소한 서신 왕래에 시달렸다. 카트의 현학적 보수주의와 열광적 독단주의, 자칭 '개혁가'들의 완고한 압력, 프랑스 에스페란티스토들 몇몇 간의 반목이 그를 괴롭혀 한 번은 카트에게 다음과 같은 편지를 쓸 정도였다.

"이미, 여러 번 그리고 많은 사람들에게 이 문제로 긴 편지를 쓴 바 있습니다. 그러나 개인적으로 편지를 계속 쓰는 것은 매우 피곤한 일이고 시간 낭비입니다. 나는 한 사람조차 거의 설득시킬 수 없었고 다른 사람이 나타나면 다시금 그에게 편지를 또 써야 했습니다. 어떤 사람은 내가 새로운 단어들을 너무 많이 만들었다고 불평하고 다른 사람들은 그 반대의 이유로 내게 불평합니다. 어떤 이는 내가 국제성을 위해 언어의 규칙성과 경제성을 해쳤다고 불평하고, 다른 이는 내가 언어의 경제성을 위해 국제성과 정확성을 해쳤다고 불평합니다."

이때 더 다급한 문제가 생겼다. 1904년 2월에 러·일 전쟁이 발발하자 1905년 1월 자멘호프는 멘츄리아에서 군의관으로 복무하도록 소집 받았다. 바르샤바의 또 다른 의사가 직카 거리의 아파트에서 갑작스런 고통에 처한 클라라를 보고 말했다.

"안 됩니다! 그가 가면 안됩니다… 그는 우리 운동을 위해 여기 꼭 필요합니다. 전 세계 에스페란티스토들에게 문제를 알려야겠습니다. 그는 건강까지 안 좋아 그 일을 감당할 수 없어요"

클라라가 슬프게 대답했다.

"맞아요. 그러나 제 남편은 면제되길 원치 않습니다."

가족과 친구들은 자멘호프의 건강이유로 징집면제를 요청해야 했다. 이것은 일단 받아들여져 군의사들은 그에게 한 주 동안 병원 입원을 명령했다. 형제 레온과 알렉산더는 전선으로 보내졌다.

1905년은 러시아 제국 대부분에서 폭력과 불안으로 시작되었다. 1월 22일 '피의 일요일'에 차르 군대는 상트페테르부르크에서 평화적인 노동자 시위대에 발포하였고 그로 인해 70명이 죽고 240명이 다쳤다. 이 잔인한 행동은 차르에 대한 감상적 숭배에 결정적 찬물을 끼얹었다. 폴란드에서 민족주의자 봉기가 있었고 아들 아담 자멘호프는 폴란드 문법학교 학생들이 일으킨 파업에 가담했다. 이것은 친러파 마르쿠스에게 충격을 주었다. 그러나 자멘호프가의 신세대는 자신들의 정체성을 폴란드인으로 생각한 것 같다. 루드빅과 클라라는 바르샤바에 뿌려진 피를 보았고 아들 아담을 당분간 카우나스에 보냈다. 차르 전제 당국은 이후 어느 정도의 양보가 필요하다고 생각했다.

국가, 인종, 종교, 계급 간 긴장 완화의 중요성은 자멘호프에게 학문적 주제가 아니라 고통스런 절박함의 문제였다. 그는 파리 그룹과 불로뉴 그룹 사이의 갑작스러운 다툼에도 개입해야 했고, 파리에서는 에밀 자벨과, 불로뉴에서는 미쇼와 함께 지낼 수 있도록 최종 조율을 마쳐야 했다. 인내와 부드러운 설득으로 모두를 달래고 만족시키는 데 성공했지만, 이런 사소한 일들이 그의 제한된 힘을 소진시켰다. 그는 대회에 참석하기 위해 상당한 희생을 치렀다. 여비 지원을 제안받았지만 거절했다. 유쾌하지 못한 논쟁은 분위기를 해치고 있었다. 신사 보이락의 도움을 받고 있던 미쇼는 분파 간의 화해를 위해 노력했으나 많은 프랑스 에스페란티스토들이 대회가 실패할 것으로 내다 봤다. 중재 노력에 지친 자멘호프는 막연한 기대와 함께 7월 23일 바르샤바를 출발했다. 7월 24일 자멘호프와 클라라는 베를린에 도착해 독일 에스페란토 출판사 대표 보렐을 방문하고 28일 파리에 도착 후 투르 모부르 대로에 위치한 자벨의 자택에 머물렀다.

8월 1일에 카트는 자멘호프에게 레이스페드가에 위치한 거리에 에스페란토 인쇄협회 본부를 안내했다. 거기서 그는 리노타이프 기계로 다음과 같이 썼다.

Vivu Esperanto! (만세 에스페란토!)

L. ZAMENHOF (자멘호프)

Parizo, la unuan de Aŭgust 1905 (1905년 8월 1일, 파리)

Por Lingvo Internacia (국제어를 위하여)

자멘호프는 자벨과 프루이쳐와 점심을 먹고 저녁에는 공식 연회에 참석했다. 파리에 머무는 동안 에펠탑에서 개최한 파티에 참석하여 하케트를 만났다. 8월 2일 클라라의 조카 카플란 박사가 그를 초대하여 만났고 3일 파리로 돌아온 자멘호프는 불로뉴에 도착하기 위해 오후 4시 파리를 출발했다. 자멘호프는 피곤했지만 기쁜 마음으로 불로뉴에 도착했다. 하지만 며칠 전 파리의 카트 집에서 미쇼, 불렛, 자벨, 그리고 세베르가 자멘호프의 연설문 초안을 미리 검토하고 문제를 제기했다는 사실은 모르고 있었다. 그들은 데카르트 전통의 자유사상가이자 세련된 프랑스 지식인들이었다. 그들에게 종교는 프랑스 가톨릭을 의미했고 이성은 프랑스 반성직주의를 의미했다. 그들에게 자멘호프의 연설은 모호했고 감상적으로 보였다. 그 연설은 "크리스천이든, 유대인이든, 이슬람교도든 우리는 모두 신의 아들이다"라는 말을 포함해 "녹색깃발 아래서의 기도"로 끝맺고 있었다. 그들은 이 연설이 문제를 일으킬지 몰라 두려워했다. 1894년 초의 드레퓌스 사건은 프랑스 여론을 크게 분열시켰다. 세베르와 자벨은 친(親)드레퓌스였고 보프롱과 불렛은 반(反)드레퓌스였다. 드루몽의 《La France Juive(유대인 프랑스)》 같은 반(反)유대 잡지는 자멘호프가 프랑스에서 저지른 치명적 실수는 사람들이 자신이 유대인이란 사실을 알게 한 것이었다고 써 대중의 감정을 자극했다. 자벨 역시 유대인이라 그 위험성을 잘 알고 있었다. 이들은 연설 내용 중 감정적이고 신비적 요소는 삭제하고 마지막 기도문은 빼는 게 좋겠다고 자멘호프를 설득하기로 했다. 불렛에게는 '유대인 예언자'로, 카트에게는 '슬라브'인처럼 보였던 자멘호프는 어떤 면에서 더 깊은 사고를 가진 사람이었다. 그는 어느 날 미쇼에게 보낸 편지에서 음악과 의식에 대해 언급하며 이렇게 말한 적이 있었다.

'세상을 이기기 위해 이런 방법을 써야 하는 게 유감이긴 하지만, 사람들은 감정을 통해서만 정복됩니다. 무미건조한 연설로는 아무도 설득하지 못합니다.'

자멘호프는 어떤 목적을 이루기 위해 감정적이고 도덕적인 동기가 중요함을 알고 있었다. 왜냐하면 이성과 감정의 충돌에서 이기는 편은 언제나 후자이기 때문이다. 그러나 자신들을 매우 이성적, 합리적이라 확신하는 사람들에게 이를 설명하는 것은 쉽지 않았다. 한쪽엔 저명한 군인이자 발명가, 대학 총장, 유명한 안과 의사, 수학자, 노련한 강사와 언론인이 있었고, 다른 한편엔 섬세하고 지치고 고뇌에 차 스스로를 경험없고 무지하다 생각하는 한 남자가 있었다. 한 사람을 제외하고 모두가 자멘호프에게 연설에서 그 기도를 빼야 한다고 했다. 자멘호프는 눈물을 떨구었다. 그에게 프랑스는 상상할 수 없을 정도로 자유로운 나라였지만 이곳에서도 그는 인종적 증오라는 독을 보았다. 단 한 사람만 그를 지지했는데 불로뉴의 비행소년들과 매춘부들의 친구인 미쇼였다. 자멘호프는 다른 사람들 앞에 서 있을 땐 매우 작고 보잘것없어 보였다. 안경 너머로 눈가가 촉촉했고, 특이한 눈썹 때문에 늘 놀란 듯한 표정으로 보였다. 그러나 그는 자신의 연설을 바꾸지 않았다. 대회는 48시간 후 시작될 예정이었다.

8월 5일 토요일 저녁 8시, 대회 장소인 시립극장은 20개국에서 온 688명의 에스페란티스토로 꽉 채워졌다. 새로운 에스페란토기, 즉 녹색 별을 담은 사각의 녹색기가 게양대와 창문에서 프랑스 삼색기와 함께 펄렁거렸다. 키 작고 수줍어하는 자멘호프는 전혀 영웅처럼 보이지 않았다. 카트, 세베르, 불렛은 그의 위험한 연설로 나쁜 반응이 일어나면 어쩌나 걱정스런 표정으로 그를 바라보았다. 대회 참석자 대부분은 다른 나라 사람들이 에스페란토를 말로 하는 걸 들어 본 적이 없었다. 참석자들의 눈동자가 대중 앞에서 연설해 본 적 없는 작고 예민한 한 사람에 집중되었다. 엄청난 무대 공포증을 느끼는 순간이었다. 자멘호프가 연설을 시작했다.

"존경하는 신사 숙녀 여러분, 가깝고 먼 세계 곳곳에서 온 친애하는 동지들, 형제들, 자매들이 우리를 하나 되게 할 위대한 사상의 이름으로 서로 악수하게 된 것을 환영합니다. 저는 영광된 나라 프랑스와 아름다운 불로뉴에서 우리 대회를 위해 힘써준 여러분들께 감사드립니다. 또한, 영광된 도시 파리에 머무는 동안 에스페란토 운동에 공감을 표현해 주신 분들과 기관, 즉 문교부 장관, 파리 시의회, 파리교육협회 그리고 많은 뛰어난 학자들에게 진심에서 우러나온 감사를 표합니다."

통상적인 인사 표시는 그가 자신의 목소리에 익숙해질 시간을 주었다. 그는 다른 톤으로 이어갔다.

"지금 이 순간은 신성합니다. 우리의 모임은 변변치 않습니다. 바깥 세계에서는 이 모임에 대해 거의 모르고 여기서 한 말이 전 세계 모든 도시와 마을에 전파되지는 않을 것입니다. 국가수반이나 내각의 수상들이 세계의 정치 지도를 변경하고자 이 자리에 모인 것이 아닙니다. 이 홀은 사치스러운 의상과 강렬한 장식으로 화려하게 빛나지 않습니다. 우리가 모인 소박한 건물 밖에서 예포가 울리는 것도 아닙니다. 그러나 이 홀의 공기를 통해 신비스러운 소리가 울리고 있습니다. 귀로는 알아들을 수 없는, 그러나 예민한 영혼이라면 들을 수 있는 매우 나지막한 소리 말입니다. 어떤 위대한 소리가 지금 탄생하고 있습니다. 신비한 유령이 공중에 떠다니고 있습니다. 눈으로 볼 수 없지만, 우리의 영혼은 그것들을 봅니다. 그 유령들은 세상으로 날아가 살이 되고 힘을 갖게 될 것이며, 우리의 아들과 손주들은 그것들을 보고 느끼고 기쁨을 누릴 것 입니다.

인류의 기억 속에서 벌써 잊혔고 역사 기록에도 남아 있지 않은 아주 오랜 옛날에 인간 가족은 깨어졌고 그 구성원들은 서로를 이해하지 못했습니다. 똑같은 형상을 갖고 똑같은 생각을 하고 가슴 속에 똑같은 신을 믿으며 창조된 형제들, 가족의 행복과 영광을 위해 서로 돕고 함께 일해야만 하는 형제들은 서로 간에 아주 남남이 되었고 다른 형제들은 영원히 적대적인 집단으로 분리되어 그들 사이에 끝없는 전쟁을 하였습니다.

수천 년 동안 이들 형제들은 서로 싸우기만 했으며 그들 간의 완전한 이해는 전적으로 불가능했습니다. 예언자들과 시인들은 인류가 다시 한번 서로를 이해하고 다시 한 가족으로 뭉치게 될 매우 신비스럽고 아득한 어떤 시대를 꿈꾸었습니다. 그러나 이것은 꿈에 불과했습니다. 이것은 달콤한 공상처럼 이야기 되었지만 진지하게 받아들여지지 않았고 아무도 믿지 않았습니다. 그리고 지금, 수천 년의 꿈이 처음으로 실현되기 시작합니다. 프랑스 해안 조그만 도시에 세계 각국에서 사람들이 모여들었고 그들은 귀머거리처럼 만나지 않고 서로를 이해하며 한 민족의 구성원으로서, 형제처럼 서로에게 대화를 나누고 있습니다. 종종 다른 국적의 사람들이 만나 서로를 이해하지만, 그들의 이해와 우리의 이해는 얼마나 큰 차이가 있습니까! 만나는 사람들 중 소수의 사람들, 즉 외국어 학습에 많은 시간과 돈을 투자할 수 있는 사람들만이 서로를 이해하고 육체적으로는 모임에 참여하지만 정신적으로는 그렇지 못합니다. 우리 모임에서는 누구나 서로 이해할 수 있고 가난이나 시간 부족도 우리의 의사소통을 방해하지 못합니다. 그곳에서는 한 나라 사람이 다른 나라 사람 앞에서 굴욕을 느끼고, 어떤 나라의 사람이 다른 나라의 말을 사용함으로써 수치를 느낍니다. 그러나 여기서는 강한 나라, 약한 나라, 특권이 있든 없든, 아무도 굴욕을 당하지 않고 부끄러워하지도 않습니다. 우리 모두는 중립의 토대 위에 서 있고, 우리 모두는 완전히 동등한 권리를 가지고 있습니다. 우리는 모두 한 국가의 구성원, 한 가족의 구성원으로 느껴지며, 인류 역사상 처음으로 외국인이나 경쟁자로서가 아니라 한 형제로서, 타인에게 자신들의 언어를 강요하지 않는 형제로 나란히 서 있습니다. 불로뉴의 따뜻한 환대 속에서 우리는 프랑스인을 만난 것도, 영국인을 만난 것도 아니고, 러시아인이나 폴란드인을 만난 것도 아니며, 인간 대 인간의 만남으로 만났습니다. 이 날을 축복합시다. 우리는 오늘 지금까지 세상이 믿으려 하지 않았던 것을 반박할 수 없는 사실로 세상에 보여주기 위해 모였습니다. 우리는 국적이 다른 나라 사람들 사이에도 상호이해가 완벽히 가능하다는 것, 이를위해 한 나라가 다른 나라를 모욕하고 집어삼킬 필요가 없다는 것, 민족 사이의 장벽이 필연적이고 영원한 것이 아니라는 것, 같은 종의 생물 사이의 이해가 환상적인 꿈이 아니라 완벽하게 자연스러운 현상이라는 것을 세계에 보여줄 것입니다."

홀에 모인 20개의 각기 다른 국적의 사람들은 자멘호프가 말한 바를 이해하였다. 후손에 대한 언급에서는 지나치게 낙관적이었지만 대회 동안의 객관적인 상황은 그가 묘사한 바와 똑같았다. 서로 다른 국적의 사람들이 평등하게 만나 공통의 언어를 사용하며 서로를 이해하고 우정을 나누었다.

"중립적이고 창조된 언어란 가능하지 않다고 말하는 사람은 이곳에 와 보면 마음이 바뀔 것입니다."

자멘호프는 의심하는 사람들에게 그 대회에 와서 직접 보라고 말하였다. 그는 계속해서 마르틴 슐라이어의 볼라퓍에 대한 선구적 업적에 정중한 찬사를 보냈다. 슐라이어는 비록 실패했지만 그에 대한 평가는 업적으로서가 아니라 그의 의도와 헌신적 노력으로 평가받아야 할 것이라 말했다. 자멘호프는 에스페란토를 확산시키는 데 도움을 준 모든 사람들에게 감사를 표했다.

"우리의 문헌은 이미 방대하고, 잡지는 매우 많으며, 전 세계에 에스페란토 그룹과 클럽이 있고, 우리의 이름은 이제 전 세계의 모든 교육받은 사람들에게 알려져 있습니다. 저는 지금의 눈부신 위치를 바라볼 때, 감상에 젖어 사방에서 비웃음과 박해만 가득했던 그 불행한 시기에 우리 운동을 위해 분투한 선구자들을 감격스럽게 기억합니다. 그들 중 많은 사람들이 여전히 살아 있으며 수고의 결실을 기쁨으로 바라보고 있습니다. 하지만 아쉽게도 많은 선구자들이 이미 세상을 떠났습니다."

그는 아인슈타인과 트롬페터, 폴란드 에스페란티스토 바스니프스키에게 특별한 경의를 표했다.

"인류의 진정한 형제애를 위해 헌신하는 우리의 활동이 곧 시작됩니다. 이 엄숙한 순간, 마음속에는 정의할 수 없는 신비스러운 무언가로 가득 차, 저는 어떤 기도를 드려 마음을 편안하게 하고 싶다는 생각이 듭니다."

불렛, 카트 그리고 세베르는 숨을 죽였다.

"나는 어떤 강력한 힘에 의지해 도움과 축복을 요청드리고 싶습니다. 그러나 지금 이 순간 나는 어느 특정 국가의 구성원이 아니라 단순히 하나의 인간입니다. 나는 또한 이 순간 어떤 민족적, 종파적 종교에 속하지 않고 단순한 인간임을 느낍니다. 그리고 지금 이 순간 내 영혼의 눈앞에 있는 일체의 것은 모든 인류가 가슴으로 느끼는 높은 도덕적 힘이며 나는 이 알 수 없는 힘에 나의 기도를 바칩니다."

그의 목소리가 약간 떨렸다:

Al Vi, ho potenca senkorpa mistero,
오 무형(無形)의 힘, 신비스런 권능,
Fortego, la mondon reganta,
세상을 다스리는 힘,
Al Vi, granda fonto de l' amo kaj vero

사랑과 진리의 원천, 무한한 삶의 샘물이여,
Kaj fonto de vivo konstanta,
모두들 다르게 말하나
Al Vi, kiun ĉiuj malsame prezentas,
모두의 마음 속 동일하게
Sed ĉiuj egale en koro Vin sentas,
존재하는 당신이시여,
Al Vi, kiu kreas, al Vi, kiu regas,
창조하고 다스리시는 당신께
Hodiaŭ ni preĝas.
오늘 우리는 기도합니다.

Al Vi ni ne venas kun kredo nacia,
국가적 신념이나 맹목적 광기의 신조는 버리고
Kun dogmoj de blinda fervoro:
우리는 오늘 당신을 향해 섰습니다.
Silentas nun ĉiu disput' religia
종교적 논쟁은 잠잠하고 지금은 오직
Kaj regas nur kredo de koro.
마음 속 신념만이 우리를 지배합니다.
Kun ĝi, kiu estas ĉe ĉiuj egala,
전쟁의 강요 없이, 만인에 평등하고,
Kun ĝi, la plej vera, sen trudo batala,
만인 앞에 진실한 믿음을 가지고,
Ni staras nun, filoj de l' tuta homaro
오늘 우리, 인류의 자녀들은
Ĉe Via altaro.
당신의 제단 앞에 섰습니다.

Homaron vi kreis perfekte kaj bele,
온전하고 아름답게 인간을 창조했으되,
Sed ĝi sin dividis batale;
인간들은 전쟁으로 스스로를 갈라놓았고,
Popolo popolon atakas kruele,
민족은 민족을 잔인하게 치며
Frat' fraton atakas ŝakale.
형제는 형제들과 늑대처럼 싸워댑니다.
Ho, kiu ajn estas Vi, forto mistera,
오, 신비의 힘이여, 당신이 누구이시던
Aŭskultu la voĉon de l' preĝo sincera,
애끓는 우리의 기도를 들으사
Redonu la pacon al la infanaro
당신의 자녀들께
De l' granda homaro!
평화를 허락해 주시옵소서.

Ni ĵuris labori, ni ĵuris batali,
하나 된 인류를 위해
Por reunuigi l' homaron.
우리가 일하고 싸우기를 맹세하오니.
Subtenu nin, Forto, ne lasu nin fali,
우리로 하여금 쓰러지지 않도록 붙드시고
Sed lasu nin venki la baron;
승리할 수 있도록 인도하옵소서
Donacu Vi benon al nia laboro,
이 일을 축복하시고 우리의 열정에
Donacu Vi forton al nia fervoro,

강건함을 더하사저들의 야만적 공격에
Ke ĉiam ni kontraŭ atakoj sovaĝaj
항상 담대히 나아갈 수 있도록
Nin tenu kuraĝaj.
인도하소서

La verdan standardon tre alte ni tenos;
녹색 깃발을 높이 붙들고 나아갑니다.
Ĝi signas la bonon kaj belon.
세상을 다스리는 신비의 권능이 우리를 축복하사
La Forto mistera de l' mondo nin benos,
우리는 목표를 달성하고야 말 것입니다.
Kaj nian atingos ni celon.
민족을 가르는 장벽들을
Ni inter popoloj la murojn detruos,
우리가 갈라 벌릴 때
Kaj ili ekkrakos kaj ili ekbruos
진동하며 부서져 영원히 무너져 내리고,
Kaj falos por ĉiam, kaj amo kaj vero
사랑과 진리가
Ekregos sur tero.
이 땅을 지배할 것입니다.

자멘호프가 앉았다. 에스페란토 만세! 자멘호프 만세! 눈물과
박수 소리, 우뢰와 같은 환호성이 터져 나왔다. 첫날밤부터 대
회의 성공은 확실했다. 자멘호프의 단순함이 친구들의 정교함보
다 더 현명했음이 입증되었다.

다음 날 아침, 다양한 국가의 대표자를 선출하기 위한 모임

이 열렸을 때 유대인 자멘호프는 로마 가톨릭교회에서 열린 미사에 참석함으로써 자신의 기도 신조를 지켰다. 한 영국 소녀가 사인첩을 내밀었다. 자멘호프가 속삭였다. '기꺼이 해드리겠지만 여기선 안 됩니다. 이곳은 성스러운 곳입니다.'

다음 날 부터 며칠 동안 빅토르 듀포트럴이 에스페란토로 번역한 모리의『포르체의 결혼』공연을 포함한 다양한 사교 모임과 여흥 프로그램들이 이어졌다. 카지노에서 열린 연회에서 가장 인상 깊은 연사는 16세가 채 안 된 에드몽 쁘리바라는 소년이었다. 그는 나중에 뛰어난 학자가 되었고 다재다능한 사회인으로 존경받은 에스페란티스토 중 한 사람이 되었다.

최초의 총회는 8월 7일 오전 10시 개최되었다. 자멘호프는 자신이 전체 회의를 주재하기엔 건강이 좋지 않으니 부의장을 둘 것을 요청했다. 재치와 인내, 친절함과 단호함으로 모든 회의를 주재한 사람은 렉토르 보이락이었다. 첫 회의는 자멘호프가 쓴 '에스페란토 정신의 본질에 대한 선언'에 대한 토론으로 진행되었다. 이 선언은 에스페란토 정신을 '다른 민족 성원들 간의 상호 이해 가능성을 부여하고, 언어로 갈등을 겪는 나라에서 화해의 언어로 기능할 수 있고, 모든 사람들이 동일한 관심을 갖는 작품의 출판이 가능한 중립적 언어의 사용을 확산시키기 위한 노력'으로 정의했다. 그런 언어는 창조된 것이어야 하고 에스페란토는 물질적으로나 정신적으로 어느 누구의 소유물도 아니어야 한다. 에스페란토는 어떤 목적으로든 사용될 수 있다. 에스페란토의 창안자라 해서 규칙을 정할 권한이 없고, 유일한 의무적 모델은 다음 장에서 설명할 '에스페란토 기초(Fundamento de Esperanto)' 뿐이었다. 그 외 모든 에스페란토 사용자들은 자신이 최상이라 생각하는 대로 행할 완전한 자유를 가지고 있었다. 어떤 에스페란토 단체에 소속하는 것은 바람직하지만 의무는 아니었다. 이 선언(Deklaracio)은 이후 에스페란토 운동을 이끄는 기초가 되었다.

8월 8일 4차 회의에서는 중앙조직에 관한 논의가 시도되었다. 보이락이 자멘호프가 언어 위원회의 성원을 선택할 수 있어야 한다고 하자 찬성의 환호와 많은 박수가 터져 나왔다. 그러나 과거의 논쟁적 기사와 소문들을 기억하고 있던 자멘호프는 일어나 말하였다.

"그렇지만 저는 그렇게 하고 싶지 않습니다. 제가 어떤 사람을 선정하면 다른 사람의 기분을 상할 수 있기 때문입니다." 누군가 외쳤다.

"그러나 에스페란티스토들은 기뻐할 겁니다!"

결국 대회가 결정하면 자멘호프가 그 선택에 대해 조언하기로 합의했다. 본격적인 국제기구 조직 문제에 관해 적지 않은 사람들이 요즘 같으면 이해하기 쉽지 않은 폐쇄성과 의심의 눈초리를 보였다. 일부 주요 에스페란토 지도자들의 독재 가능성에 대한 불길한 두려움 때문이었을 것이다. 예컨대 세인트 마틴은 "사람들은 조직을 만들고자 하지만, 그런 것에는 규칙과 체계가 있어야 하고 여러분들은 이제 하고 싶은 대로 할 수 없게 될 것입니다." 라고 말했다.

카트 역시 공식적 조직에 강하게 반대하였다. 토론은 다음같은 미약한 결론을 내리고 끝났다.

불로뉴쉬르메르에서 열린 제1차 세계 에스페란토 대회는 각국의 에스페란티스토 조직들이 가능한 한 밀접한 상호관계를 맺어야 한다는 희망을 만장일치로 표명한다.

에스페란티스토들은 아직 중앙조직을 구성할 만큼 충분히 성숙하지 못했다. 최종 회의에서 자멘호프는 언어 위원회에 속할 44명의 이름을 제안했고 전체적으로 28개국에서 온 102명의 에스페란티스토들이 참여했다. 가능한 한 많은 국가의 이해관계를 대변하기 위해 아직 충분한 자격이 없는 에스페란티스토들이 다수 포함되었고, 결국 위원회 규모가 너무 비대해 감당하기 힘들 정도였다.

대회는 '자멘호프 만세! 미쇼 만세! 보이락 만세! 에스페란토 만세!'의 갈채와 환호 속에 끝났다. 다양한 국적의 많은 사람들이 공개 토론, 음악, 드라마, 낭송, 예배와 개인적 대회를 위해 새로운 언어가 충분히 기능한다는 사실을 알게 되었다. 1900년 이후로 사실을 제대로 알고자 하는 사람이라면 에스페란토가 실제적 언어로 완벽히 작동한다는 것을 부인할 수 없었다. 많은 에스페란티스토들이 상당한 희생을 감수하고 불편을 감수하며 때로는 실제적 위험을 감수하면서까지 매년 열리는 세계 에스페란토 대회에 참석하는 점도 여전히 사실이다. 오늘날 이 대회에는 평균 2~3천여 명이 참석한다.

자멘호프 부부는 8월 13일 정오 불로뉴를 떠났고 14일에는 파리에서 제네바로 여행했다. 15일 집으로 가는 긴 여행을 떠나 돌아 오는 길에 스위스의 아름다운 풍경을 볼 수 있었고 빈에서 며칠 보낸 후 8월 28일 바르샤바로 돌아왔다. 이번 여행은 상상력이 부족한 여행자들이라도 많은 추억을 갖게 되었을 것이다. 그러나 자멘호프에게는 생애 최고의 경험이었다. 자멘호프는 평생에 걸친 자신의 노력이 정당화되고 고통을 보상받고 이론이 입증되는 것을 확인했다. 클라라는 자신의 영웅적 인내와 오랜 성실함이 보상받는 것을 보았다. 바르샤바에 있는 아이들과 친구들에게 자기 남편이 어떤 대접을 받았는지 이야기해 주었다. 자멘호프 자신은 자기에게 쏟아진 영예나 제자들의 열정에 대해 이야기하고 싶지 않았다. 다만 믿을 수 없을 정도로 조용히 행복해하며 자신을 기다리는 환자들을 돌보는 것으로 만족했다.

11장 에스페란토 '기초'

1894년 투표 이후에도 몇몇 사람들은 에스페란토가 완벽히 기능함에도 불구하고 이를 수정하고 싶어 했다, '개혁가'들의 동기는 이해하기 어려웠다. 에스페란토가 의지를 가지고 수정할 수 있는 언어라 그것을 손보려는 충동에서 독특한 만족감을 느끼려는 것인지도 모른다. 완벽한 언어란 존재하지 않으며 논리와 일관성 측면에서 보았을 때 에스페란토는 실제로 가장 흠 없는 언어였다. 인공어가 아닌 자연어는 논리적 규칙성 보다는 관용적 사용이 지배하므로 모국어를 포함한 모든 민족어는 학습하기 어렵다. 민족어의 경우 러시아의 표트르 대제같은 전제 군주에 의해 강제되지 않는 한 작은 수정이라도 수년이 걸릴 것이다. 예컨대 불규칙 동사를 규칙화시키는 것 같은 수정은 불가능하다. 에스페란토를 그대로 두지 않으려는 사람들은 어린 시절 외국어를 학습하며 관용적 사용에서 좌절을 느낀 사람들일 가능성이 높다. 자멘호프는 본능적으로 어느 정도 심리학의 천재였고 직관적으로 이상적인 해결책을 찾아냈다. 언어의 안정을 확보할 절대 금기가 필요했지만, 권위의 이미지는 가능한 한 적대감을 불러일으키지 않아야 했다. '에스페란토 기초 (Fundamento de Esperanto)'란 수정 변경이 불가능한 기초를 선언함으로써 그 권위를 확립시키는 것이었다. 1905년대 하셰트 사에서 출판된 작은 녹색 책자는 이후 에스페란티스토들 사이에 '건드려서 안되는' 것으로 남아있다. 자멘호프는 책 서문에서 그 원칙을 설명했다.

"국제 언어가 안정적이고 확실하게 성장하려면, 변하지 않는 확고한 기초가 있어야 합니다. 미래 친구들의 부주의한 발걸음이 과거 친구들의 업적을 파괴하지 않기 위해, 무엇보다 가장 필요한 것은 명확히 정의되고, 절대 건드려서 안 되며, 결코 변경되어서 안 되는 언어의 기초(Fundamento)가 있어야 합니다. 이는 바꿀 수 없는 일련의 문법 규칙들과 어휘들을 의미합니다. 이 엄격함이 에스페란토가 지금까지 잘 성장해 온 이유이며, 앞으로도 규칙적이고 조화로운 성장을 위해 가장 필수적인 조건입니다. 어떤 개인이나 단체도 이 '기초'에 아무리 작은 변화라도 임의로 수정할 권리가 있어서는 안 됩니다."

에스페란토의 기초(Fundamento)는 수정하지 않기로 모두가 동의한 세 부분으로 구성되어 있다. 16개의 문법 규칙, 1,800개 단어의 기본어휘, 그리고 연습예문(Ekzercaro)이다. 자멘호프는 이것이 모든 에스페란토 사용자들이 가이드로 지켜야 할 필수적 문서며 이러한 규정이 언어의 발전을 막지 않을 것이라고 덧붙였다. 사람들은 필요하다고 생각하는 새로운 어휘를 제안할 수 있고 테스트와 승인을 거쳐 공식적으로 추가될 수 있다. 그러나 16개 규칙과 기본어휘 중 아무것도 제거될 수는 없다. '기초'에 없는 어떤 좋은 것도 의무가 아닌 추천으로 여겨져야 하며, 자멘호프 조차도 '기초'를 변경할 권리는 갖지 않았다.

일종의 경전 같은 느낌을 주는 이러한 '기초'는 너무 교조적이고 독선적으로 보일 수 있다. 그러나 자멘호프는 에스페란토를 학문적인 경직성으로 몰아가는 것과는 거리가 멀게, 에스페란토의 교조적 부분을 최소한으로 줄였다. 16개 문법 규칙은 절대적 본질이다. 연습예문집은 일상 문장 구성의 예시를 제시했고 만국어휘집(Universala Vortaro)은 일상 어휘의 기본이다. 따라서 새로운 어휘, 문법적인 어구 전환, 관용구, 은유나 의미의 확장, 어순의 변화, 문법에 맞고 논리적인 접사와 어미의 새로운 사용 등은 '기초'의 위반으로 간주되지 않는다. 에스페란토는 시인, 상상력이 풍부한 작가, 강연자에게 매우 매력적인 언어였다. 접사와 문법은 간결하고 명백했고 문법의 논리성과 단순성은 애매하지 않았다.

1905년 9월, 스위스 에스페란티스토들이 다음 대회를 자국에서 열자고 제안했다. 중립 국가인데다 4개 언어를 사용하는 스위스가 에스페란토의 정신적 고향으로 적합하다고 생각한 자멘호프는 이 제안에 기뻐했다. 보이락과 세베르는 파리 클리키가 51번지에 두 개의 방을 임대해 비공식이지만 적극적이고도 유용한 언어위원회와 조직위원회를 구성했다. 보이락과 세베르는 단순히 논쟁만 하는 사람들이 아니라 구체적 성과를 만들어 내는 유능함이 있었다. 11월이 되자 사무실은 에스페란토 중앙 사무실(Esperantista Centra Oficejo)이 되어 자멘호프와 보이락은 언어 위원회의 세부사항을 연구하게 되었고, 조직 위원회는 자멘호프(회장), 보이락, 미쇼, 독일의 미브스, 영국의 폴렌 대령, 세베르(부회장)로 구성되었다.

12장 인류를 위한 종교

에스페란토를 창안하면서 자멘호프에겐 추종자들조차 이해
못 한 더 큰 목적이 있었다. 평화와 관용, 인류애의 증진이 그
것이었고 이것이야말로 자멘호프를 지치지 않게 한 힘의 원천
이었다. 소위 아마추어 언어학자들, 박식한 언어 이론가들은 언
어의 사소한 수정 논쟁에 정신이 팔려 비현실적인 언어를 만들
려고 애썼지만, 충실한 에스페란티스토들, 에스페란토를 위해
순교하기도 했던 이들은 자멘호프와 마찬가지로 언어 내면의
이념에 대한 인식을 공유한 사람들이었다.

1905년 러시아 제국에서 벌어진 사건은 자멘호프로 하여금
더 절실하게 내적 이념을 구현해야겠다는 열망을 불러일으켰다.
희망, 두려움, 민족주의자들의 봉기와 계급투쟁, 파업들, 그리고
폴란드 사회당의 피비린내 나는 테러와 함께 1905년 혁명은 미
래의 변화를 예고하고 있었다. 차르 정부는 이전에도 종종 그랬
듯 혁명적 흐름을 반유대주의와 민족주의 탓으로 돌리려 했고,
비극적이지만 어떤 면에서 희망적이기도 했던 당시 사회 상황
에서 자멘호프는 기여할 것이 있었다. 그의 저서에서 역사의 경
제적 요인이나 정치에 대한 심오한 이해를 찾을 수는 없지만
그렇다고 그의 정치적 아이디어가 순박하거나 비현실적이진 않
았다. 그는 인간 행동에서 심리적 요인의 중요성을 인식하고 전
쟁과 박해의 심리적 원인을 제거하는 것에 집중했다.

러시아령 폴란드에서는 종교의 차이가 잔인성과 갈등을 일으키는 가장 명백한 원인 중 하나였다. 자멘호프는 수년 동안 경쟁 종교 간의 장벽을 허무는 것을 꿈꿔 왔다. 러시아 정교회, 로마 가톨릭, 개신교, 유대교, 이슬람교가 뒤섞인 환경에서 기독교 부모가 자기 자녀한테 유대인들에게 침을 뱉도록 부추기는 것을 목격했다. 종교는 종종 선을 증진시키는 것이 아니라 악의 원인으로 보였다. 청소년기에 자멘호프는 어머니 로잘리가 유대 신앙을 잃어버리는 일종의 종교적 위기를 겪었고 이후 보다 개인적인 신앙을 갖게 되었다. 그는 학창시절, 헤롯 시대 율법학자이자 백이십 세까지 살았다고 전해지는 위대한 유대 랍비, 힐렐의 삶과 가르침에 매료되었다. 힐렐은 유대 율법의 위대한 학자로 늘 인간적 해석을 옹호했고 자신의 가르침을 몸소 실천했다. 힐렐은 '너 자신을 공동체로부터 분리하지 말며, 죽는 날까지 너 자신을 의지하지 말며, 네 친구를 판단하지 말며, 들리는 말을 말하지 말지니 결국엔 들리게 될 것이라'고 가르쳤다. 한 이방인이 개종을 고려하며 힐렐에게 율법을 간략히 요약해 달라고 요청하자, '네가 싫어하는 것을 네 이웃에게 하지 마라: 이것이 율법이고 나머지는 모두 주석에 불과할 뿐이다'고 가르쳤다. 힐렐은 또한 '내가 나를 위해 있지 않다면 누가 나를 위하리요? 내가 나만을 위해 있다면 나는 무엇이며, 지금이 아니면 언제인가? 나의 겸손함이 나의 높임이다.'라고 말했다. 자멘호프는 힐렐의 고귀한 삶과 가르침을 묵상하면서 화해와 관용과 존중을 증진하는 세계 종교, 즉 힐렐리즘이라는 아이디어를 구상했다. 그리고 종교의 차이를 초월하는 인류애와 평화의 메시지를 전파하고자 했다. 그의 비전은 단순히 새 언어를 만드는 것을 넘어서 인간의 정신과 마음을 변화시키는 데 있었다. 이런 그의 노력은 언어인 에스페란토와 함께 그의 이념적 유산으로 남아, 오늘날에도 여전히 많은 영감을 주고 있다.

그해 폴란드 상황이 어려워지자 11월에 자벨은 자멘호프에게 은신처를 제공하겠다는 편지를 썼고 자멘호프는 다음과 같이 회신했다.

"호의는 무척 감사하지만 저는 이곳 상황이 그렇게 극단으로까지 치닫지 않길 희망합니다. 우리나라 특히 우리 도시의 삶은 실로 끔직합니다. 우리는 항상 공포에 휩싸여 있고 종일 불안으로 가득 차 아무 것도 할 수 없습니다. 하지만 모든 것이 잘 되기를 바랍니다."

리투아니아인, 우크라이나인, 코카서스인은 이미 혁명에 참여하였고 차르 경찰의 비밀조직인 '검은 손'은 의도적으로 폭동과 유대인 학살을 선동했다. 바르샤바는 필요시에 거리를 지키는 젊은 폴란드 사회주의자 무리에 의해 보호되고 있었다. 1906년 1월, 자멘호프는 자신이 유대인을 잡아다 파는 이들, 이단 사냥꾼들의 표적이 되어 투옥되거나 추방될 수 있다는 사실을 알고 〈러시아 에스페란티스토〉지에 익명으로 『힐렐리즘 교리』란 작은 소책자를 발표했다. 서문 내용은 매우 직접적이었다.

'광활한 러시아 영토 내에서 민족과 종교 간의 분쟁은 끊이지 않고, 부조리와 폭력은 날마다 횡행하며, 소수도 다수와 마찬가지로 똑같이 인권을 갖음에도, 다수의 무자비한 폭력행위가 가중되고 있다. 이제 다른 민족과 인종 간에 중도적 기준을 찾아야 하고 서로 평화스럽고 화기애애한 태도로 대화하고 충돌과 미움과 불의없이 평화롭게 소통할 수 있는 중립적 기반을 찾아야 한다.'

불로뉴 에스페란토 대회 성공으로 자멘호프는 민족 간의 정의, 평등, 형제애가 현실적으로 가능하다는 확신을 갖게 되었고, 따라서 익년의 제네바 회의에서 이 문제를 논의하기로 마음먹었다. 힐렐리즘은 사람들이 자기 나라, 언어, 종교를 바꾸지 않고도 서로 다른 나라와 다른 종교를 가진 사람들과 평화롭고 공평하게 얘기할 수 있게 도와주는 가르침이다. 힐렐리스트들은 사람들이 중립적 언어와 종교의 원칙으로 자주 대화하면, 언젠가 모두가 하나의 중립적 민족으로 융합될 것이라고 희망한다. 그러나 이런 변화는 매우 점진적으로, 눈에 띄지 않게 천천히 일어날 것이다. 힐렐리스트가 믿는 중요한 신념들은 다음과 같다.

· 나는 인간이며, 나에게 존재하는 유일한 이상은 순전히 인간적인 것이다.
· 나는 모든 인종-국가적 이상을 단지 집단이기주의와 인간혐오로 간주하며, 이러한 것들은 조만간 사라져야 하고 그 사라짐을 가능한 한 서둘러야 할 의무가 있다.
· 나는 모든 민족이 평등하다고 믿으며, 모든 인간을 그의 개인적 가치와 행동에 따라 평가하며, 그의 출신에 따라 평가해서는 안된다.
· 나는 다른 민족이거나, 나와 다른 언어나 종교를 가졌다는 이유만으로 인간에게 가하는 모든 범죄나 박해를 야만적 행위로 간주한다.
· 나는 모든 나라가 이 민족이나 저 민족에 속하는 것이 아니라, 그 안에 사는 모든 사람들이 완전히 동등한 권리를 가지고 있다고 믿는다
· 나는 가정생활에서 모든 사람이 어떤 언어나 방언을 사용하든, 어떤 신앙을 고백하든 완전하고 자연스럽고 논쟁의 여지

가 없는 권리가 있다고 믿지만, 다른 인간과의 소통에서는 가능한 한 중립적 언어를 사용하고 중립적 종교의 원칙에 따라 살아가야 한다.

· 나는 한 사람이 다른 사람에게 자신의 언어나 종교를 강요하는 모든 시도를 야만적 행위로 간주한다.

· 나의 조국은 내가 태어난 나라나 영구적으로 정착할 나라를 말한다. 조국에 대한 애국심이나 봉사는 같은 나라에 사는 모든 사람들의 선을 위한 봉사다.

· 내 나라에서 사람들이 원한다면 자신들의 언어와 종교로 자신들의 학교나 다른 기관을 설립할 권리를 가질 수 있어야 한다. 그러나 한 인종 만을 위한 것이 아니라 모든 공공 기관에서는 중립적 언어와 중립적이어야 한다는 규칙을 따라야 한다.

· 내 종교는 내가 태어난 종교나 공식적으로 등록된 종교를 말하며, 자신의 종교앞에 항상 '힐렐리스트' 라는 단어를 더해야 한다. 이렇게 함으로써 내가 힐렐리즘의 종교적 원칙에 따라 그 종교를 믿고 있음을 나타낸다.

힐렐리즘의 종교적 원칙은 다음과 같다.

(A) '하나님' 이라는 이름을 나는 내가 이해할 수 없는, 세상을 다스리는 최고의 권능으로 이해하며. 내 이성과 마음의 지시에 따라 그분의 본질을 설명할 권리가 있다.

(B) 내 종교의 기본 원칙은 '다른 사람들에게 네가 원하는 대로 행동하고, 언제나 너의 양심의 목소리에 귀를 기울이는 것이다.

(C) 모든 인간이 각기 다른 종교를 갖는 것은 그것이 그들의 개인적 신념에 가장 가까워서가 아니라 그 종교에서 태어났기

때문이며, 모든 종교의 근본은 동일하며, 전통과 관습에 따라 서로 구분되는 것뿐이지 개인적 선택은 아니다. 그러므로 사람은 그들의 전통 때문에 칭찬받거나 비난받을 수 없으며 인간의 선과 악은 그의 종교 때문이 아니라 개인의 삶과 상황에 달려 있다.

자멘호프는 언젠가 힐렐리스트 성전을 세워 각기 다른 종교를 가진 힐렐리스트들의 공동의 장소가 되기를 바랐다. 이후 자멘호프는 힐렐리즘이란 이름이 유대교적 느낌을 준다고 생각해 'Homaranismo(인류인주의)'로 수정하였다. 〈러시아 에스페란티스토〉 3월호에서 리투아니아 출신 가톨릭 사제 담브라우스카스는 이 새로운 교리에 대해 모욕적이진 않지만 날카로운 공격을 가했다. 자멘호프는 5월호에서 참을성 있는 논리로 그에게 답했다.

'당신이 진실하고 헌신적인 사제라는 것을 잘 알고 있습니다. 당신께서 하나님이라 부르는 그 위대한 힘께 물어 봐 주십시오. 인간이 수많은 종교를 가지고 서로 증오하면서 자기 종교만 옳다고 주장하는 것을 원하시는지, 아니면 모든 종교가 점차 하나의 종교로 융합될 수 있도록 공동의 성전을 지어 공동의 이상과 관습 속에 한 형제로 지내는 게 좋은지 말입니다. 만일 하나님이 전자를 택할 것으로 확신한다면 '인류인주의'와 싸우시오. 그러나 후자를 선택할 것이라고 생각한다면, 적어도 우리와 싸우지 않기를 바랍니다. 왜냐하면 그것은 바로 당신이 항상 성실하고 정직하게 섬기던 그분의 의지에 반하는 싸움이 될 것이기 때문입니다.'

그러나 논쟁은 쓸모없는 것이었다. 담브라우스카스는 그리스

정교회의 박해에 저항할 만큼 용기가 있었지만 자멘호프를 이해할 수 없었고, 자멘호프 역시 그를 이해하지 못했다. 로마 가톨릭 교도인 보프롱도 자멘호프의 생각을 훨씬 혹독하고 유치한 풍자를 섞어가며 공격했다.

한편 자멘호프로 하여금 힐렐리즘을 공개적으로 표명할 생각을 갖게 만든 비극적 상황은 점차 악화하고 있었다. 1906년 1월에서 9월까지 바르샤바 에스페란티스토는 어떠한 모임도 열지 못했다. 3월 27일 클라라의 부친이 사망한 이후 자멘호프는 비아위스토크에서 발생한 끔찍한 대학살로 인해 큰 충격을 받았다, 많은 부상자들이 바르샤바의 유대인 병원으로 이송되었다. 비아위스토크의 유대인과 기독교인들은 수 년 동안 아무 일 없이 잘 지내왔지만, 경찰서장 데르가초프가 암살된 지 3일 후, 성체 축일 행사를 위한 가톨릭 행렬이 정교회 행렬과 마주쳤을 때 경찰이 유대인들을 향해 총을 쏘기 시작했다. 이어 "유대인들을 잡아들여!" 라는 소리가 들렸고 경찰, 군인, 의도적으로 모인 것으로 보이는 부랑배들이 거리로 몰려나와 거리, 집에 있던 유대인을 학살하기 시작했다. 이들은 집 안에 있는 유대인까지 죽이고 중상을 입혔고 집을 파괴했다. 한 어린 소녀는 오빠와 13살 짜리 여동생이 학살당하는 것을 목격했다. 인종 간의 갈등을 종식시키고자 한 자멘호프의 열망은 학문적인 것이 아니었다.

1905년 9월, 절친한 친구 자벨에게 힐렐리즘에 관한 자신의 생각을 털어놓았지만 자벨은 프랑스가 그런 사상을 받아들일 나라가 아니라고 충고했다. 자벨이 여러 사람들의 이야기를 신중히 듣고 자멘호프에게 친절하지만 좌절하게 만드는 편지를 썼던 반면에, 보프롱은 공개적으로 힐렐리즘을 공격했다. 그는 힐렐리즘의 주창자가 자멘호프일 것으로 짐작하고 있었다. 자멘호프가 차분하고 이성적인 글로 대응했지만 보프롱은 더욱 냉

담하게 이에 대응했다.

'네, 그렇습니다. 저는 에스페란토에서 항상 어떤 생각을 보았고 지금도 보고 있음을 고백합니다. 국제어에 대한 생각은 인류에게 매우 유용하며 이 생각은 내 자신에게 아주 분명했습니다. 그것은 나를 진정한 자기 희생의 광인으로 만들기에 충분했습니다. 나 자신은 이 운동이 세상에 무한한 선의 원천을 가져다 줄 것이라고 확신했기 때문입니다. 그러나 나는 우리 모두가 새 종교의 창시자가 될 것이라고는 짐작조차 하지 못했음을 고백합니다. 내가 보다 일찍 이에 대해 알았더라면 나는 에스페란토 대열에 참여하지 않았을 것입니다.'

이러한 엄청난 왜곡이 고의는 아니었다 해도 보프롱은 기질적으로 독단주의적이었고 내면의 삶과 영적 경험의 모든 면에서 자멘호프와 완전히 달랐다. 자멘호프는 원래 자신의 새로운 생각을 제네바 대회에서 소개하고 개회연설에 그 내용을 포함시킬 생각이었다. 그 연설의 내용은 지금도 남아 있고 다음과 같은 문구를 포함하고 있다.

"저는 완전히 사적인 견해를 표명하는 것이며 여러분 각자는 이를 자유롭게 받아들이거나 거부할 수 있습니다. 에스페란토의 내적 사상에 관한 저의 견해에 결함이 있다면 이를 거부하시고 인류인주의가 에스페란토에 위험을 불러오리라고 생각지는 마십시오. 인류인주의는 에스페란토 전체의 원칙이 아닙니다. 인간이면 누구나 개인의 원칙을 가질 수 있는 것처럼 에스페란토 창안자 자신도 개인적 원칙에 따른 권리를 갖고 있다는 것입니다."

자멘호프는 자신의 원칙을 공유하는 이들을 위해 몇마디 격려의 말을 덧붙이려고 했다. 그러나 7월이 되자 자멘호프 사상에 대한 논쟁이 격렬해져 자벨은 그에게 제네바를 방문하지 말라고 충고할 정도에 이른다. 반면 세베르는 그의 부재가 더 나쁜 인상을 줄 수 있으니 오라고 했다. 독일 바드 라이네르츠에서 요양 중이던 자멘호프는 스캔들의 위협과 음모 의혹, 그리고 많은 정신적 갈등 끝에 결국 대회 참석을 결심했다. 자멘호프는 종교적 신념에 사로잡힌 종교인들을 이해할 수 없는 성격이었기에 그의 사상에 대한 발표 계획은 시기상조임이 분명했다. 사실 자멘호프는 그의 개념을 용납하지 못하는 종교인들을 이해할 수 없었다.

권위주의로부터 유난히 자유로웠던 그는 편협한 가톨릭 신자나, 모순투성이인 교조주의적 무신론자들도 이해할 수 없었다. 세상은 아직 그의 사상을 받아들일 만큼 성숙하지 않았다. 비록 점차 맹목적 자기확신과 이기주의에 대한 공격이 종교, 정치영역에 넓게 퍼지기는 했지만, 세상은 여전히 자멘호프만큼 성숙하지는 않았다.

자멘호프는 자신이 시기를 잘못 선택했다는 사실을 인정해야 했다. 자벨과 세베르의 조언에 따라 자신의 구체적 제안을 완화하고 제네바에 머물면서 보다 폭넓게 받아들여질 수 있는 윤리적 이상을 추구하기로 했다. 한편, 명석하고 용감하며 어려운 상황을 극복해 본 풍부한 경험의 소유자 세베르 장군은 자멘호프를 희생시키지 않고도 상황을 구할 합리적 계획을 생각하고 있었다.

13장 제네바

　두 명의 비범한 소년, 에드몽 쁘리바와 그의 친구 헥토르 호들러가 1906년 제네바에서 개최된 제2차 세계대회 조직에 큰일을 담당하였다. 불로뉴에서 훌륭한 연설로 인상을 주었던 에드몽은 열일곱, 헥토르는 열여덟이었다. 대회에는 불로뉴 대회때보다 많아 30개국에서 약 880 명이 참석하였다. 한 호텔에서 쁘리바의 호텔예약을 개구쟁이 장난으로 여겨 무시한 일도 있었지만 준비는 대체로 매우 훌륭했다. 대회는 8월 28일 오후 8시 장엄한 개회식을 시작으로 개최되었다. 세베르는 불로뉴 선언을 언급하고 에스페란토가 정치적, 종교적, 사회적으로 매우 중요한 결과를 가져올 수 있음을 지적한 후 '에스페란토 대회의 중립성에 관한 선언' 이라는 결의안을 표결에 붙여 많은 문제를 해결했다. 대회 프로그램으로 정치적, 종교적, 사회적 주제에 대한 토론을 허용해선 안되며, 대회장은 이런 주제를 다루고자 하는 사람들의 연설권을 거부했다. 그러나 이런 주제들 중 하나 혹은 그 이상에 관심이 있는 사람들은 그들이 원하는 대로 따로 모일 수 있는 모임을 마련하도록 배려했다. 중립적이고 문화적이며 교육적인 축제를 개최하되, 모든 종류의 민간 단체 모임이 참여할 수 있는 중립적인 축제 정책은 이후 모든 에스페란토 대회의 이념적 패턴으로 남게 되었다. 제네바 대회는 이제 화합과 행복의 정신을 지니게 되었고, 실제로 교사, 언론인, 선원, 가톨릭, 개신교, 평화주의자 등 다양한 그룹의 활기차고 유용한 모임들이 열렸다. 대회 자체가 중립을 표방하였으므로 제네바 대회의 분위기는 확실히 활기차고 성공적이었다.

자멘호프는 8월 28일 저녁, 예정된 대회 연설을 했다. 그는 몸이 좋지 않았고, 바트 라이너츠에서 치료를 받다가 베를린과 프랑크푸르트의 에스페란티스토들을 방문하고 돌아온 직후라 피곤한 상태였다. 목소리는 약했지만 내면으로부터 나온 힘은 모든 사람의 관심을 끌기에 충분했다. 일상적 인사와 치사로 연설을 시작한 그의 목소리와 눈빛이 갑자기 활기를 띠기 시작했다.

"신사 숙녀 여러분! 대회 개막식에서 여러분들은 저에게 어떤 연설을 기대했을 것입니다. 아마도 다른 형식적 연설이 그러하듯, 형식적이고 창백하고도 내용 없는 연설을 기대했을지도 모릅니다. 그러나 나는 그렇게 할 수 없습니다. 나는 그런 연설을 좋아하지 않으며 특히 올해 같은 때에 그런 무색무취한 형식적 연설을 한다는 것은 제겐 죄라고까지 생각됩니다. 저는 지금 수백만이 가장 기본적 인간의 권리와 자유를 위해 싸우는 나라에서 여러분께 왔습니다. 그러나 그 상황을 전달하고자 하는 것이 이 연설의 목적은 아닙니다. 왜냐하면, 비록 사적으로 저의 고국에서 일어난 수백만의 고통에 관심이 있는 분들이 있을지라도, 아직 전체 에스페란티스토에게 영향을 끼치는 것은 아니며, 또 이 대회는 그 같은 정치와 관련이 없기 때문입니다. 그러나 그러한 정치적 문제 이외에도 우리 에스페란티스토가 주의를 기울이지 않을 수 없는 일들이 지금 벌어지고 있습니다. 바로 그 나라에서 벌어지는 민족 간의 처참한 싸움입니다. 거기에는, 한 나라의 사람이 정치적, 애국적 동기에서 다른 나라의 사람들과 싸우는 것이 아니라, 같은 나라에서 함께 사는 형제들이 단지 다른 민족이라는 이유 하나만으로 짐승처럼 싸우고 있습니다. 매일 많은 사람들이 정치적 투쟁으로 목숨을 잃고 있고 민족 간의 싸움으로 더 많은 사람들의 생명이 사라져가고 있습니다. 그와 같은 상황은 특히 여러 언어가 공용되는 코카서스 지방, 서러시아 지방에서는 끔찍할 정도입니다. 아, 천만번 저주받을 민족 간의 증오심이여!

내가 비아위스토크에서 어린 시절을 보낼 때 나는 같은 땅, 같은 마을에 사는 사람들이 민족끼리 분열되어 서로 증오하는 슬픈 일을 보아 왔습니다. 몇 년 세월이 흐르면 상황은 더 좋은 방향으로 바뀔 것이라고 꿈꿨습니다. 그러나 세월이 지난 뒤에도 나는 내 꿈이 실현되는 대신 참혹한 현실을 보았습니다. 불행한 내 고향 거리에서 조용한 마을 주민들을 향해 도끼와 칼을 난폭하게 휘두르는 일이 벌어졌습니다. 그들의 유일한 죄는 난폭자들과 다른 언어를 사용하고 그들과 다른 종교를 가졌다는 것이었습니다. 이런 이유로 그들은 사람들의 두개골을 부수고 무력한 노약자, 어린아이, 부녀자를 짓밟았습니다. 나는 비아위스토크에서 일어난 처참한 도륙에 대해 일일이 말하고 싶지 않습니다. 에스페란티스토로서 나는 여러분에게 민족 사이의 벽, 우리가 싸우는 벽이 여전히 높고 두텁다는 사실만 말하고 싶습니다. 우리는 비아위스토크나 다른 곳에서 발생한 처참한 학살에 러시아인에게 책임이 없다는 사실을 알고 있으며, 이들이 피에 굶주리고 사악한 사람들이 아니라는 점도 알고 있습니다. 또 타타르인이나 아르메니아인 역시 평화스러운 민족으로 다른 민족을 무력으로 지배하려 하지 않고 단지 평화롭게 살기를 바라는 그런 민족이라는 사실도 알고 있습니다. 이제 문제의 원인은 여러 매우 고상치 않은 수단으로 거짓말과 비방을 널리 퍼뜨려 한 종족과 다른 종족 사이에 끔찍한 증오를 불러 일으킨 한 무리의 사악한 범죄자 그룹에 있다는 것이 분명히 알려졌습니다. 만일 각 민족이 서로를 잘 알고, 그들 사이의 벽이 높고 두텁지 않아 그들이 서로 자유롭게 교류하는 것을 막지 않았더라면, 만약 그들이 다른 민족도 자기와 똑같은 인간임을 알 수 있었다면, 그들이 서로의 문학을 교류해 그들도 자신들과 똑같은 윤리와 사고를 하는 인간임을 알았더라면, 그러한 끔찍한 결과가 일어날 수 있었을까요? 인간들 사이의 벽을 깨뜨립시다. 그들이 중립적으로 만나고 서로 소통할 수 있는 기회를 제공할 수 있다면 지금 우리 곳곳에서 목격하고 있는 잔악한 행위들은 종식될 것입니다. 우리는 사람들이 생각하는 것처럼 지나치게 순진하지 않습니다. 우리는 그러한 중립 입장이 인간을 천사로 바꿀 것이라고 생각지 않으며, 사악한 사람은 여전히 악한 상태로 남으리라는 것도 잘 알고 있습니다. 그러나 나는 중립적 입장에 기반한 모임과 상호교류가 적어도 잔혹한 사태와 죄악을 상당부분 없앨 것이라고 믿습니다. 왜냐하면, 이 잔혹한 사건들은 서로에 대한 적의에 원인이 있는 것이 아니라, 서로에 대한 지식 부족에서 일어나기 때문입니다. 세계 곳곳에서 민족 간의 싸움이 점차 치열해지는 지금, 우리 에스페란티스토들은 그 어느 때 보다 더 열심히 일해야 합니다. 그러나 우리 일이 결실을 맺기 위해서는 무엇보다 먼저 우리 자신에게 에스페란토 정신의 참뜻을 주지(周知)시켜야 합니다. 나는 연설이나 혹은 저술을 통해 이 내적 사상을 언급해 왔으나 이제는 좀 더 명확하고 정확히 말할 때가 왔습니다. 에스페란토 전사인 우리가 에스페란토를 단지 실용적 관점이나 그런 사용만을 주장한다면, 우리는 에스페란토를 상업 등 실용적인 일에만 국한시켜 사용하는 결과를 초래하게 될 것입니다. 불행히도 최근 에스페란토 운동에서 '에스페란토는 단순히 언어일 뿐이다. 그러니 에스페란토를 어떤 종류의 사상과도 사적으로 연관시키지 말라, 그렇지 않으면 사람들은 우리가 모두 한 가지 생각을 하고 있다고 믿어, 이외의 다른 생각을 하고있는 사람들을 실망시키게 될 것이다.' 라는 목소리가 나오고 있습니다. 아 무슨 말입니까! 에스페란토를 실용적인 목적으로만 사용하고자 하는 사람들을 실망시킬지 모른다는 두려움으로, 우리 모두는 가장 중요하고도 가장 신성한 에스페란토 정신의 일부를 파괴하는 것입니다. 아 안됩니다! 나는 강하게 항의하며 그 요구를 거부합니다. 만일 에스페란토 전사인 우리가 우리의 활동에서 모든 이상주의적인 것을 배제해야 한다면, 나는 분개하여 지금껏 에스페란토를 위해 쓴 모든 것을 찢고 불태울 것이며, 내 가슴에 달고 있는 녹색 별을 던져버릴 것이며, "상업적이고 실용적인 목적에만 써야 하는 저 에스페란토와 우리는 공통점이 없다!" 라고 외칠 것입니다.'

장내는 박수로 진동했다. 자멘호프는 이어서 에스페란토가 사람들의 몸을 하나로 모으거나 두뇌를 하나로 모아서가 아니라, 마음을 하나로 모으기 때문에 사람들이 에스페란토를 위해 큰 희생을 치렀다고 말하며, 이념이야말로 에스페란토의 역동성이라고 강조했다.

대회 명예회장은 당시 최고의 명성을 떨치고 있던 90세 스위스 철학자 어네스트 네이빌이었다. 그는 1899년에는 에스페란토를 전 세계 학교에서 가르쳐야 한다고 건의하였고, 1905년에는 세계 철학 총회의 언어로 에스페란토를 추천했다. 그는 교육자, 도덕주의자로서 각종 사회문제에 대한 연구자로서도 큰 명성을 누린 인물이었다. 그는 에드몽 쁘리바가 에스페란토 잡지를 편집한다는 소식을 듣고 그 총명한 학생을 방문해 그와 우정을 맺어 가족들을 놀라게 했다. 네 번째 분과 회의에서 피곤하고 창백해 보이는 보프롱이 연단에 올라 메시지를 전했다. 그는 살레브 산의 별장에서 어네스트 네이빌을 만나 그로부터 따뜻한 환대를 받고 오는 길이었다.

"그는 우리 운동에 관심을 보였고 우리 지도자께 존경을 표했습니다. 마지막으로 우리대회에 인사를 전해 주기를 부탁하면서 제가 떠날 때, '형제로서 우리 함께 키스합시다.' 라고 말하며 내게 두 번이나 따뜻하게 키스해 주었습니다. 저는 그 두 번의 키스를 저 혼자만 간직할 수 없어 우리의 지도자에게 답례의 키스를 드림으로 이를 통해 여러분 전체에게도 그의 마음이 전달되기를 바랍니다."

그는 자멘호프를 포옹한 채 키스를 한 후 한동안 껴안고 있다가 격앙된 감정을 진정시키려는 듯 의자에 몸을 던졌다. 영국인 참가자 몇몇은 이와 같은 이색적 행동에 깜짝 놀라기도 했지만 대다수 참가자들은 '자멘호프의 장수를! 보프롱의 장수를!' 이라고 외치며 박수를 보냈다. 오해 끝에 완전한 화해라고나 할까. 그러나 네이빌은 후에 자신이 보프롱과 키스를 한 적이 없다고 했고, 옆에 서 있던 몇몇은 칼 불렛의 입에서 조용히 "가롯유다" 라고 읊조리는 말을 들었다.

총회에서 처리한 일들은 다음과 같다. 언어위원회의 모임, 세베르가 비공식적으로 설립한 중앙사무소의 공식 설립, 대회를 준비하는 상근위원의 선출이었고, 가장 중요한 일은 에스페란토 영사(領事)제도를 위한 계획의 착수였다. 이것은 유능한 에스페란티스토들이 여행 중이나 서신을 통해 다른 나라 에스페란티스토들에게 도움을 주는 인적 네트워크로 설립 초기에는 65개국 대표 2,760명으로 조직했다. 이 제도는 에스페란티스토들을 상호부조의 유대로 결속시켰을 뿐 아니라 에스페란토의 실질적 유용성을 대외적으로는 알리는 계기가 되었다. 대회는 사회적, 문화적 측면에서 매우 성공적이었다. 첫 회의에 참석한 한 심리학 교수는 보이락에게 어떻게 하나의 단순한 언어가 그런 열광을 창출할 수 있는지 설명하는 기고문을 써 달라고 요청할 정도였다. 에스페란토는 발전을 거듭했고 몇몇 나라에서는 극적인 진전을 보였다. 그러나 12월 사모스에서 벌어진 한 희극적 에피소드는 에스페란티스토인들이 겪게 될 고통을 예고하는듯 했다. 선구자 아나크레온 스타메티어디스는 그곳에 작은 에스페란토협회를 설립하고 강좌를 시작했다. 얼마 지나지 않아 한 변호사가 반농담 조로 무지한 농민들에게 '에스페란토는 프리메이슨의 한 형태며 반종교적'이라고 말했다. 이 말을 곧이듣고 흥분한 농민들이 몽둥이와 도끼를 들고 새 에스페란토협회로 쳐들어갔으나 다행히 아무도 없었다. 농부들은 대신 모든 가구를 부수고 책들을 찢고 에스페란티스토들을 죽여버리겠다고 위협하며 돌아가는 것으로 만족해야 했다. 1907년 9월까지 그 협회는 공공질서에 위협이 된다는 이유로 회합이 금지되었다. 이런 일은 조직적 음모나 고의적 비방으로 에스페란티스토들이 고통받은 사례 처음도 마지막도 아니었다. 에스페란토 정신은 아나키즘, 공산주의, 프리메이슨주의, 로마 카톨릭 음모, 유대인이 결탁한 음모, 국가에 저항하는 비합법적인 행동이라는 거짓 비난을 받기도 하였다.

차기 대회가 열리기 전 자멘호프는 친구 한 명을 잃었다. 매우 가슴아픈 상황이었다. 에밀 자벨은 프랑스-프로이센 전쟁에서 안과 군의관으로 종군한 바 있고 여러 안과 기기와 시각장애인용 필기구를 고안했는데, 1900년 62세에 그 자신이 시각장애인이 되었다. 그는 자신의 삶을 받아들이고 놀라운 인내와 용기로 새로운 삶에 적응했다. 1903년 이후 그는 열성적인 에스페란토 지지자가 되었고 그의 불굴의 인내, 근면, 훌륭한 덕성은 중앙위원회에 바친 그의 공헌과 함께 본보기가 될만하였다. 그는 줄곧 에스페란토 문자 중에서 삿갓 표시가 들어간 문자가 눈에 긴장을 초래한다는 신념을 갖고 있었다. 따라서 자멘호프에게 삿갓 문자를 없애야 한다고 끈질기게 촉구했는데 동시에 보프롱, 카트 같은 사람은 어떤 변화도 안 된다는 반대 주장을 펼쳤다. 자멘호프는 자벨의 설명에 공감했지만 현 상태에서 언어적 논쟁은 일반적으로 대의를 약화시킬 뿐이라고 생각했다. 언젠가 한 번은 자벨과 샤를 레메르가 자멘호프에게 원하는 변화를 도입할 경우 2만 프랑 이상을 지원하겠다고 제의한 바 있었는데 이로 인해 자멘호프는 한 동안 일을 못하기도 했다. 이 일로 인해 자멘호프는 레메르를 만나기 위해 브뤼셀로, 건강이 악화해 여행할 수 없는 자벨을 만나러 파리까지 가서 그들의 제안을 정중히 거절하는 의사를 밝힌 것이다. 결국 여러 차례의 타협시도와 많은 서신교환 끝에 자벨과 자멘호프는 의견이 결코 합치될 수 없음이 분명해졌다. 그들의 관계가 소원해져 갈 무렵, 자벨이 죽어가고 있다는 소식을 세베르가 전했다. 이 소식은 두려운 충격으로 다가왔다.

"그 슬픈 소식은 나를 무척 당황하게 했습니다. 자벨이 열성적이고 모범적인 에스페란티스토였기 때문만이 아닙니다. 그는 내가 처음 인연을 맺을 때부터 높이 존경해 마지않았던 인물이며 이후 우리가 서로 신뢰와 우정의 관계를 지속할 때 저에게 높은 덕성과 따뜻한 마음을 보여 주었기 때문입니다. 나는 지금 당장이라도 그 곁에 있고 싶고, 또 편지도 쓰고 싶지만 그렇게 할 수가 없습니다. 그에게 해줄 말이 많으나 나의 편지가 오히려 그에게 폐가 될 것 같아 쓸 수가 없습니다. 그에게 편지를 쓸 수 없다는 사실은 나에게 진정한 고문입니다."

그러나 이 편지를 부치자마자 자멘호프는 죽어가고 있는 친구를 기쁘게 해줄 수만 있다면 하는 마음으로 다른 한 장의 편지를 자벨에게 써서 세베르에게 전해 달라고 부탁했다. 자멘호프는 사람들이 에스페란토 창안자가 수정에 찬성하지 않았다는 증거를 열성적으로 찾을 것도 알고 있었고 동시에 자벨의 마지막 순간에 기쁨을 줄 수 있는 유일한 방법도 알고 있었다. 그 편지는 우정과 위로의 표현에 불과했지만, 자벨이 원했던대로 삿갓표시가 없는 문자로 씌여 있었다. 1월 14일 자벨의 아들은 아버지에게 자멘호프가 삿갓없는 문자로 쓴 편지를 설명하며 자벨에게 읽어주었다. 6일 후 자벨은 세상을 떠났다. 작은 친절이 때로는 고귀한 정신의 위대함을 보일 수 있다. 자멘호프는 《La Revuo(평론)》지에, 자벨의 갖가지 업적을 언급한 후, 그들 사이 일어난 마지막 고통스런 분쟁을 다음과 같이 묘사했다.

"10월 1일 나는 그의 희망대로 파리로 가 자벨을 방문했습니다. 그는 이미 아주 위중한 상태였으나 나는 그가 몇 개월은 더 살 수 있으리라고 생각했고 그와 작업을 하며 며칠을 보내며 함께 방문하고 연구를 하는 등 시간을 보냈습니다. 우리가 한 가지 점에서 합의를 진척시키지 못하고 내 직업상 파리에 더 이상 머물 수 없게 되었을 때 그는 너무 괴로워 저와 함께 바르샤바로 와서 토론을 계속할까 진지하게 생각했습니다. 앞 못 보는 노인이 에스페란토를 위해서라면 멀고 위험한 나라에까지라도 필요하면 오겠다는 것이었습니다."

에밀 자벨은 그런 우정을 가질 자격이 충분했다. 한편 이 이야기는 자멘호프의 선의와 이해심를 여실히 보여준 일화였다.

14장 런던의 자멘호프

1907년 대회는 케임브리지에서 개최되었다. 영국 에스페란토 협회는 매우 활동적이고 열성적인 지도부와 문학적 특성을 띤 협회지도 발간하는 견고한 조직체였다. 대회 개최를 위한 주요 준비위원들은 '제3의 트리오'라는 별칭으로 불렸는데 인도를 오래 여행한 경험을 가진 콜로넬 폴렌, 커닝햄 박사, 그리고 유명한 주식중개인인 볼링브로커 무디였다. 1905년 자멘호프의 초상화를 그린 적이 있는 화가이며 런던 에스페란토 클럽 회장인 흘리스 모스첼스가 자멘호프를 케임브리지 대회가 끝난 후 런던에 머물도록 초대했는데 정작 자멘호프는 꼭 참석해야 할지 여부를 결정하지 못했다.

"불행히도 아직 영국에 갈 수 있을지 확답할 수 없습니다. 어떤 식으로든지 대회에 누(累)를 끼치지 않도록 하고자 저의 대회참석을 희망하시는 여러분께 회답을 보냅니다. 개인적으로는 케임브리지 대회에 참석하여 많은 친구들을 보고 싶지만 그렇게 하지 못하는 두 가지 이유가 있습니다. 첫째는 제 건강이 그러한 장기간 여행을 감당해 내지 못할 것이고, 둘째는 좀 더 중요한 이유로서 제가 총회에 참석하지 않는 편이 우리의 발전을 위해서 나은 듯 싶습니다. 제가 참석하면 대회가 너무 개인적인 성격을 띄게 될까 염려스럽기 때문입니다."

그러나 결론적으로 자멘호프는 케임브리지 대회에 참석하기로 했다. 클라라와 함께 칼레이스와 불로뉴를 거쳐 도버에 도착했다. 여행 도중 병이 났지만 대회가 시작되던 날 다행히 영국에 도착했다. 비록 몇몇 분과 모임이 시작된 후였지만 그는 역에서 열광적인 환영을 받았다. 자멘호프는 대회 연설에서 연례적인 대회 개최의 중요성을 강조했다. 일상적인 인사에 이어 그해 에스페란토에 헌신하다 고인이 된 이들에 대한 헌사를 마친 후 연설의 본론으로 들어갔다.

"우리는 매년 세계 여러나라에서 만나기로 결정했습니다. 우리들 대부분은 대회에 참석하느라 많은 희생을 감수하고 있기 때문에 우리가 어떤 이유로 만나는지 의미를 설명할 수 있어야만 합니다. 우리가 대회의 목적과 본질을 충분히 자각하고 있다면, 우리 대회는 영광스런 목표가 눈앞에서 성취되는 것을 지켜보면서 매년 새롭고, 결코 식지 않은 열정으로 지속할 수 있습니다. 그러나 만일 우리가 그 목적을 확고히 인식하지 못하면 목적 없이 방황하는 사람들이 지치고 무기력해지는 것처럼 우리의 열기 역시 쉽게 식을 것입니다. 그렇다면 우리는 무엇 때문에 모입니까? 에스페란토의 언어학적 제반 문제를 토의하기 위해서입니까? 아닙니다. 그러한 목적이라면 언어 분과 위원들의 모임이면 충분합니다. 그렇다면 에스페란토로 말하기 연습을 위해 모입니까? 단순히 그런 이유만으로 대회를 열 필요는 없을 것입니다. 홍보나 선전을 하기 위해 모입니까? 네, 물론입니다. 그러나 대회 참석자 100명 중 99명이 에스페란토로 인해 도덕적 이익만을 얻는다면 무슨 이유로 에스페란토를 전파해야 할까요? 나는 여러분이 한 가지 대답을 하리라고 확신합니다. 그것은 우리가 에스페란토에서 개인적으로 얻을 수 있는 유용성 때문이 아니라, 에스페란토가 전 인류를 위해 갖는 매우 큰 의미, 즉 우리를 에스페란토로 이끌고 있는 인류공통의 목표때문입니다. 우리는 매년 세계 곳곳에서 같은 신념을 가진 이들을 만나 그들의 손을 잡고 에스페란토 정신에 담긴 사랑과 열정을 주기 위해 모입니다. 이것이야말로 우리 대회의 가장 중요한 본질이자 목표입니다. 에스페란토를 사용하는 사람이면 누구나 에스페란티스토이지만 그가 대회에 참석하면 그는 자체적 법률과 도덕, 원칙이 존재하는 '에스페란토 나라'에 있는 것입니다. 그곳엔 녹색 깃발이 날리고 내적사상이 지배하는 바, 그 의미는 '인류의 여러 민족이 서로 다른 민족적 관습을 강요하지 않고 평화롭게 형제애로 교류할 수 있는 중립적 토대를 만드는 것'입니다."

한 가지 일화가 자벨을 생각나게 했다. 80여 개국에서 총회에 참석한 시각장애인들은 한 건물에 투숙했고 카르트가 이들을 보살폈다. 자멘호프가 이들 시각장애인을 방문해서 일일이 악수했다. 그러나 이들은 한 가지 특권을 더 요구했는데 다름 아닌 그들이 잘 알고 있으나 볼 수 없는 자멘호프를 손으로 더듬어 확인할 수 있게 해달라는 것이었다. 시각장애인들은 자신들의 감정과 사고의 역할을 하는 섬세한 손길로 자멘호프의 작고 연약한 육체, 턱수염, 안경 그리고 평평한 벗겨진 이마를 만졌다. 이 시각장애인들이 그를 더욱 자세히 알 수 있도록 허락했을 때, 자멘호프는 세상을 떠난 자벨을, 그리고 오래전에 눈이 없어진 비아위스토크의 유대 어린이들을 생각했다.

영국의 언론들은 대회에 전반적으로 호의적이었다. 값싼 비웃음의소리는 이제 사라졌다. 대회 후 자멘호프는 모스첼스와 함께 런던에 머물며 관광, 전람회, 사교 모임 등을 즐겼다. 길드홀에서 열린 리셉션에서 자멘호프는 청중을 놀라게 할 정도로 특별한 문제와 위험에 대해 암시하는 연설을 했다.

"우리를 우리의 길에서 돌이키려고 노력하는 사람들이 있습니다. 그들은 우리의 대의를 위해 헌신하고 있지만 그들이 주장하는 개선책이 실현되면 상황은 심각합니다. 그들의 관점에 대해서도 우리는 조만간 그들이 자신들의 실수를 이해할 것이라고 확신합니다. 그들은 무엇보다도 확고한 단합이 필요한 현 시점에서 그들의 제안이 얼마나 위험스러운 지 이해하게 될 것이며, 위험이 사라질 미래의 그 날까지 정해진 규범에 따라 인내하며 협력해야 할 것입니다. 그러나 더욱 경계해야 할 사람들이 있습니다. 단순히 파괴만을 일삼는 이들이고 그들은 번성하는 우리의 에스페란토라는 나무를 보살피지 않고 다만 전력을 다해 그 밑 구덩이를 파려 듭니다. 만일 더욱 좋고 확실하게 목표에 도달할 다른 방법을 알고 있다면 그것을 보여주십시오. 따를 것입니다. 그러나 여러분은 그것이 준비되고 확실한 것을 제안하는 것이 아니라 가정적 이론에 불과하다는 사실을 알고 있습니다. 또 여러분은 의심스럽기 짝이 없는 개선책을 인정하는 것이 지난 20여 년간 공들여 쌓은 탑을 무너뜨리고 아무것도 이룩해내지 못하리라는 점도 알고 있습니다. 우리가 규율 있는 방법에서 벗어나 에스페란토를 무너 뜨리면 수백 수천 번의 불신 끝에 얻은 신뢰는 영원히 사라져, 결코 다시 그것을 얻지 못하리라는 것을 알 것입니다. 전력을 다해 전 세계가 우리를 불신케 하려고 애쓰는 이들이여, 좋습니다. 당신들의 방법대로 계속하십시오. 우리는 우리의 방식대로 조용히 계속해 나갈 것입니다."

이것은 마지막 순간까지도 타인의 명예를 생각하는 자멘호프의 특성이 잘 나타난 마지막 경고였다. 그는 에스페란티스토들이 비애국적이라는 저간의 비난을 반박하고 예나 지금이나 충분히 논쟁의 가치가 있는 애국심에 관해 언급했다.

"인종 우월주의자적 입장에서 애국심은 자신의 것이 아닌 모든 것에 대한 증오심으로 구성되기 때문에 그들의 입장에서 볼 때 우리가 비애국적인 사람들이며 또 에스페란티스토들은 조국을 사랑하지 않는다고 합니다. 이런 터무니없는 비난에 우리는 전심을 다해 항의합니다! 인종적 우월국수주의는 사이비 애국주의로 사회 불안을 일으키고 세상 모든 것을 파괴할 뿐입니다. 진정한 애국심은 모든 곳에 행복을 가져오고 건설하고 유지하는 위대한 정신입니다. 에스페란토 정신은 사랑을 주장하고 애국심 역시 사랑을 강조하니, 이 두 가지는 서로 배타적일 수 없습니다. 누구든지 우리에게 갖가지 종류의 사랑을 말할 수 있으며 우리는 감사히 귀 기울일 것입니다. 그러나 조국애를 사악한 증오심과 어두운 악마의 대리인 국수주의자적 발상으로 얘기하는 이들은 나라와 나라 사이 뿐만 아니라 인간 사이에도 한없는 원한을 심어놓습니다. 증오의 검은 씨를 뿌리는 자들이여, 증오를 말하고 이기심은 말하되, 입에서 "사랑"이란 말을 쓰지 마시오. 그 입에서 사랑이란 성스런 단어가 이미 더럽혀졌기 때문입니다."

그는 아담 미키에비츠의 '판 타데우스'의 서언을 연상시키는 고국에 대한 기도를 이어갔다.

"어릴 때 당신을 떠났지만 잊을 수 없는 나의 사랑하는 리투아니아여, 나의 불행한 조국, 당신은 이제 내 눈앞에 서 있습니다. 꿈에서 자주 보는 당신, 지구상의 어떤 부분도 내 마음 속에서 대체할 수 없는 당신, 당신을 더 깊이, 더 진심으로 사랑하는 당신께 증거합니다. 이상주의 에스페란티스토 중 한 명으로 나는 고국에 사는 모든 이의 형제애를 꿈 꿨습니다. 비록 수백 수천의 동포와 함께 조국을 떠났으나 이들이 노예로, 이방인으로 남기를 누가 원할 것입니까? 아! 애국심이여, 언제 사람들이 그 성스러운 의미를 마침내 옳게 이해할 수 있을까요? 당신의 그 성스러운 이름이 여러 부정직한 사람들의 손에 무기가되지는 않을까요? 모든 인간이 그들이 태어난 땅의 품 안에 정착할 권리를 언제나 받게 될 것입니까?"

런던에서 체류하는 동안 자멘호프를 만나는 사람들은 그에게 매료되었다. 그러나 그는 세련된 사교계의 긴장을 견딜만큼 건강치 못했다. 다음 해 그의 다리는 마비되었고 협심증 발작을 여러차례 겪었다. 귀향 도중 바트 나우하임에서 6주간이나 치료를 받아야 했고 그 후엔 부재 중에 쌓인 많은 우편물을 처리해야 했다. 그러나 그는 만족할 만한 성과를 얻었다. 대회는 대성공이었고 영국 언론들은 에스페란토에 관한 기사를 쏟아냈고 다른 곳에서도 전진이 계속되고 있었다. 1906년까지 북아메리카에 에스페란토 모임 82개가 결성되었고, 쿠바에서 최초의 에스페란토 협회가 막 결성되었고, 새로운 에스토니안 에스페란토 협회는 차르 경찰의 감시에도 불구하고 왕성한 활동을 계속했으며, 중국에까지 에스페란토가 전파되기 시작했다. 이탈리아, 독일, 덴마크, 핀란드, 오스트리아, 자메이카, 멕시코 등지에서 에스페란토 잡지가 출간 되었다. 프랑스인 의사 앙리 발리에네가 쓴 『프레롱게의 성』이라는 최초의 장편소설이 출판되었는데 그는 심장병이 발병하자 안락의자에 의지한 채 죽기 3년 전까지 에스페란토 문학작품의 창작과 번역을 계속했다. 그에게 많은 기쁨을 안겨준 대회가 끝난 후 바르샤바로 돌아온 자멘호프는 일생 중 가장 미묘한 도덕적 고민에 직면한다.

15장 한 사람과 그의 배반자들

당시 '이도(Ido)의 분열'은 에스페란토 운동에서 중요한 스캔들 중 하나였다. 역사의 관점에서 볼 땐 이미 사소한 일로 여겨지고 있고, 단지 그 이야기의 기묘한 심리적 배경과 기만, 배신, 비방에 직면했을 때 루드빅 자멘호프가 보여준 관대함과 인내심은 영원한 관심사로 남아 있다. 자멘호프는 권위 있는 국제기구에서 국제어 문제를 다뤄주기를 오래전부터 희망했다. 1900년 두 명의 철학자 루이스 카우트랫 박사와 L. 류, 두 사람이 처음으로 '국제어 선택을 위한 대표단' 문제를 제기했을 때 에스페란티스토 대부분이 이를 찬성했다. 원래 계획은 국제어의 필요성을 인식하는 각계 대표들로 구성된 대표단을 조직하고 이 대표단이 수시로 모일 수 있는 위원회를 선출하며, 대표단이 국제어 문제를 국제학술연합에 제시하는 것이었다. 위원회는 국제학술연합이 협조를 거부하는 경우에는 자체적으로 국제어를 선정할 수 있도록 되었다.

자멘호프보다 아홉 살 아래인 프랑스 에스페란티스토 루이스 카우트랫은 대단한 의지력과 우수한 지능의 소유자였다. 그는 기호논리학 분야에서 중요 업적을 남겼고, 레브니츠의 여러 작품을 주석과 함께 편집했다. 류와 공저로 두 권으로 된 학술서 『국제어의 역사』란 책을 저술하기도 했다. 미남형에 재치 있고 야무졌으며 사람들에게 끼친 영향력도 대단했다. 그의 최대 단점이라면 따뜻한 마음보다 지성이 압도적이어서 일종의 이론가와 같은 인물이란 점이었다. 이 뛰어난 인물은 에스페란토 역사에서 가장 수수께끼 같은 인물 중 한 명으로 남아있다. 이 대표단에서 카우트랫은 재무를, 류는 비서의 책임을 맡았으나 실제로 류는 카우트랫의 그림자에 불과했다. 많은 에스페란티스토들이 과학단체나 다른 중요한 단체들을 대표단에 참여시키기 위해 노력을 기울였다. 1907년까지 그들은 310개의 협회와 개인 자격의 교수와 과학자 1,250명의 지지를 얻어냈다. 그 숫자는 확실히 놀라운 성과였으나 세계적인 규모라 보기는 어려웠다. 1909년에는 노벨상을 수상하고 오스트발트 색채체계를 고안한 독일의 저명한 화학자 빌헬름 오스트발트를 끌어 들였다. 카우트랫은 열정적으로 이 대표단이 에스페란토에 절대 문제될 게 없으며 오히려 득을 가져올 것이라고 자멘호프를 설득했다. 5월 2일 찰스 레메르가 비밀스러운 내용이 담긴 편지를 카우트랫에게 보냈다.

"귀하는 대표단에 당신의 계획을 제출할 것입니까? 그렇지 않다면 가공인물의 명의로 제가 당신의 의견을 제출하겠습니다. 저는 이러한 의견을 단순한 지원보다 더 효과적으로 당신을 돕기 위해 제안하는 바입니다."

이 편지가 말하는 바는 무엇일까? 카우트랫은 에스페란토 수정을 주장하는 개혁론자 가스통 모크와 접촉했고 그를 통해 대표적 보수주의자인 보프롱과도 접촉했다. 보프롱은 다소 뒤틀린 성격으로, 사람들의 주목을 갈망하는 인물이었다. 5월 29일 빈에서 개최된 국제학술연합이 대표단과의 협조를 거부하자 카우트랫은 즉시 대표단 위원회 선출을 위한 투표를 준비했다. 단 253명만이 투표에 참여했다. 선출된 위원회는 상당히 저명한 인물들로 구성되었다. 페루 상원 의장인 바러스, 상트페테르부르크의 슬라브 철학 교수인 바드앙 드 카드네이, 에밀 보이락, 파리 의과대학 교수인 찰스 보차드, 헝가리 과학원 회원인 리도스, 베를린 기상대 감독원인 포스터, 철학자로 세계적 명성을 얻고 있으며 국제언어에 관심이 깊은 코펜하겐 대학 철학 교수 모토 제퍼슨, 북미리뷰의 발행인 G.하비, 빌헬름 오스트발트, 열렬한 에스페란티스토이자 《Revuo de revuo(평론의 논평)》의 편집자 W.T. 스테드 등등이었다. 이 명단은 매우 인상적이기는 했지만 각계 각층의 인물들로 구성되어 좀 잡다한 느낌이 들게 했고 그 중 언어학자는 단 2명이었다. 한 때 위원이기도 한 자멘호프는 할 수 있는 모든 협력을 아끼지 않았으나 몇 가지 일이 의혹을 불러일으켰다. 대표단의 규정 중 하나는 창안자 자신은 자기 견해를 옹호할 수 없고 반드시 자신의 입장을 대신할 대표를 보내야 한다는 것이었다. 이미 페노는 라틴어를 단순화한 국제어 시안으로『Latine sine flexione(라티네 시네 플렉시오네)』를 내 놓았고, 제퍼슨도 그 자신의 프로젝트를 진행 중이었다. 자멘호프는 자신의 대표로 보프롱을 선택했다.

10월 15일 대표단 회합이 시작되었을 때는 오스트발트 교수와 두 명의 언어학자 바드앙 드 카드네이와 제퍼슨이 참석했다. 보이락은 잠시 출석한 후 대리로 모크를 보냈고, 스테드는 허건을, 보차드는 로대를 대리로 보냈으며, 대표단의 의장인 포스터마저 오스트발트를 대신 보냈다. 그 위원회는 이미 대표성이 결여된 상태였고 게다가 회의 진행마저 불어로 진행되어 프랑스인이 아닌 참석자들이 곤란을 겪었다. 보프롱은 원래의 에스페란토를, 제퍼슨은 자신의 고안에 따라 변형된 에스페란토를 주장했고, 다른 위원들도 각자 의견을 역설하기에 바빴다. 이 중에서 에스페란토가 가장 쉽고 실제 사용되고 있는 언어였음은 의심의 여지가 없었다. 그때 카우트랫이 익명으로 제출된 시안이라 밝히면서 일련의 문법과 어휘를 제시했다. 그 새로운 시안의 명칭은 '이도(ido, 자손이라는 의미)'라 돼 있었다. 그것은 표면상 에스페란토와 매우 유사해 보였다. 보이락이 불참한 모임에서 보프롱이 에스페란티스토들에게 쉽게 받아들여질 수 있을 것이란 언급과 함께 '이도'를 지지했다. 카우트랫은 오스트발트의 질문에 '이도'의 고안자는 자신도 아니고 류도 아니라고 했다. 10월 24일 역시 보이락이 불참했을 때 카우트랫은 이 문제를 투표에 상정하여 다음과 같은 결의안을 표결에 부쳤고 결의안은 만장일치로 통과되었다.

"위원회는 이론적 논의가 종식되었음을 선언하고, 향후 채택할 국제어에 관한 세부사항 연구와 수정을 첫 임무로 하는 상임위원회를 구성한다. 위원회에는 오스트발트, 비드앙 드 카드네이, 제퍼슨, 카우트랫, 류가 포함된다. 위원회는 검토할 언어 중 어느 것도 수정 없이 일괄적으로 채택하지 않는다. 원칙적으로 위원회는 에스페란토가 상대적으로 언어적 완성도가 높고 이미 다양하게 실용되고 있으므로 에스페란토로 결정하되, 제안된 시안 '이도'에 따라 일부 수정을 하고, 가능하면 에스페란토 위원회와 합의하에 결정한다. 위원회는 보프롱의 특별한 역량을 고려하여 그를 위원회에 합류시킨다."

이것은 매우 합리적으로 들렸기 때문에 무슨 일이 일어나고 있는지 잘 알지 못하는 사람들이 이를 받아들인 것은 놀라운 일이 아니었다. 다음 날 카우트랫, 오스트발트, 바드앙 드 카드네이, 제퍼슨이 토의에 참여했다. 10월 26일 오스트발트는 갖가지 새로운 결정 사항에 관한 소식을 보이락에게 전했다. 그 후 다른 위원들은 각자 귀국하고, 카우트랫, 류, 보프롱만 남았다. 카우트랫은 결정 사항을 자멘호프에게 전하면서, 새로 인정된 국제어가 여전히 에스페란토라는 이름으로 불려지기를 바란다면서 이렇게 말했다.

"위원회는 당신이 이 언어의 최초이자 최고 저자임을 인정하고 당신의 업적을 기꺼이 존중할 것입니다."

그러나 세베르는 불만을 품은 모크로부터 자세한 보고를 받고 있었고 자멘호프는 자신이 의도했던 것보다 조금 더 많은 내용을 알고 있었다. 자멘호프는 이미 10월 27일에 세베르에게 편지를 써서 에스페란티스토들이 방어를 위해 조용히 몇 가지 준비를 해야 한다고 말했다.

"저는 '이도'에 관해서 아무것도 모르고 그 문법도 본 적도 없습니다. 지난 3주 동안 나는 카우트랫으로부터 어떤 편지도 받지 못했습니다. 또 보프롱의 행동은 매우 의심스러웠지만 나는 그를 신뢰하였기에 대표단에 나의 대리로 보냈습니다. 그는 나와 한마디 상의 없이 갑자기 개혁론자들에게 가서 에스페란토는 사멸해 가고 있으며 향후 5년이나 버티게 될지 모른다는 식의 편지를 보냈습니다."

다음 날 자멘호프는 카르트에게도 썼다.

"당신은 보프롱을 잘 알고 있으니 그의 행동에 대해 설명을 해 주실 수 있겠습니까? 나는 그가 수정되지 않은 원래의 에스페란토 지지자인줄 알고 그를 나의 대리로 대표단에 보냈습니다. 그는 공식적으로 나의 대리로 활동하다가 내게 사전보고나 문의 한마디 없이 어느 날 갑자기 수정론자가 되었습니다. 이것이 사실입니까? 나는 더 이상 그에게 개인적으로 편지를 쓰고 싶지 않습니다.”

　같은 날 자멘호프는 당황하고 상심한 채, 모크에게는 이번 일로 비난받지 않을 것이라고 안심시키는 편지를 보냈다. 자멘호프는 평화와 상호이해를 위해 전력을 기울여 왔기 때문에 이 문제를 조용히 넘어갔다. 그러나 카우트랫이 ‘이도’ 문법의 사본을 《Lingvo Internacia(국제어)》편집자 피에르 코레에게 보냈고 코레는 분개하며 뷰렛에게 그 책을 보여주었다.
　자멘호프는 10월 30일 카우트랫에게 평소와 달리 단호한 태도로 편지를 썼다.

　“회의록의 발췌본과 ‘이도’가 포함된 10월 26일 자 당신의 편지를 고맙게 받았습니다. 그러나 나는 전체 에스페란티스토들의 의견과 그들의 희망을 알기 전까지는 확답을 전할 수 없습니다.”

　자멘호프는 의견이 다른 사람들과는 화해를 위해 노력하는 한편 흥분된 감정을 억누르면서 세베르에게 편지를 썼다.

　“대표단 위원들이 전한 바로 우리가 속았다는 사실을 알려주고 있습니다. 모든 일은 사전에 준비돼 있었고, 대부분은 자신이 간교한 조작자의 손에 조종당했다는 사실을 몰랐습니다. 그 소식을 접한 후에 일어난 굉장한 혼란은 이제 상당히 가라앉았습니다. 우리의 헌신적인 친구 모크가 용기를 잃었다는 사실이 안타까울 뿐입니다. 어제 여행 중에 저를 방문한 바드망드 카드데이를 만났는데, 그와의 대화를 통해 저는 그가 카우트랫의 간계에 속았음을 확신할 수 있었습니다.”

카우트랫은 11월 2일 편지에서 자멘호프와 보이락에게 위원회 결정을 언어위원회에 상정해 달라는 요청과 함께 12월 5일까지 확답해 줄 것을 요청했다. 결의안이 '이도 계획안'을 원칙적으로 채택한다는 점도 분명히 했다. 이는 참을 수 없는 최후 통첩이었고, 실제 유럽 이외의 언어위원회 위원들은 제때 답변을 하지 못했다. 보이락은 회람을 돌렸고 걷힌 답변들은 한결같이 분노로 가득 찼으며, 보이락이 이것을 카우트랫에게 보냈으나 그의 답변은 너무나 무례해 화해에 대한 모든 희망을 무너뜨릴 정도였다. 카우트랫은 이제 자멘호프와 하셰트, 카르트의 에스페란토 출판 협회가 개혁을 가로막고 있다는 소문을 퍼뜨리기 시작했다. 이에 카르트는 《Internacia Lingvo(국제어)》지에 "우리는 충실하게 남아있자!"는 내용의 단호한 기고문으로 답했다.

오스트발트는 자멘호프의 입장을 지지하지 않았고 1908년 1월 7일 건강 악화를 핑계로 위원 자리를 사임했다. 사임 내막은 위원회 내의 혐오스러운 분위기 때문으로 보인다. 자멘호프는 오스트발트에게 그의 결심이 바뀌지 않은 데 대해 유감을 표명했고 보이락은 이를 좀 더 상세히 썼다. 자멘호프는 '모든 에스페란티스토에게'라는 제목의 완곡하고 설득력 있는 회람을 돌리고 이를 몇몇 에스페란토 회지에 기고했다. 자멘호프는 지능적인 교활함에 대해서는 언급하지 않았지만 내부의 불화가 에스페란토를 망칠 수 있다는 점, 언어를 수정할 권한은 에스페란티스토 자신들에게만 있는 점, 에스페란토 운동이 대표위원회가 생각하는 것보다 훨씬 민주적이고 자유스럽다는 점을 역설했다.

1월 말 카우트랫은 자멘호프에게 사적 이익에 급급한 지도자가 되지 말라는 식의 아첨과 위협이 섞인 편지를 보냈다. 자멘호프는 카우트랫에게 과거의 서신을 상기시키고, 공개적인 스캔들로 전체의 대의가 위험에 처할 수 있음을 정중하고 단호하게 지적하는 답신을 보냈다. 2월 20일 카우트랫이 주관한 선거는 우스운 결과로 끝을 맺었다. 바드앙드 카드네이와 오스트발트는 기권했고 '이도'를 지지한 사람은 카우트랫 자신과 류와 보프롱, 제퍼슨 뿐이었다.

1908년 3월 《La Progreso(진보)》라는 잡지가 창간되었는데 이것이 최초의 '이도'의 잡지가 되었다. 창간호에서 카우트랫과 류는 개인적 논쟁을 자제하기로 약속하였다. 《La Progreso(진보)》의 창간호가 준비되는 동안 제퍼슨은 수수께끼 같은 편지를 받았다. 그것은 카우트랫이 다른 사람에게 쓴 편지였는데 실수로 봉투가 바뀌어 받은 것이었다. 이 편지에서 카우트랫은 '이도'의 고안자가 보프롱이란 사실을 밝혔다. 분노한 제퍼슨은 진실을 공개하고 카우트랫에게 위원장 사임을 요구했다.

카우트랫은 상황을 수습하려 갖가지 노력을 했다. 자멘호프에게 새로운 언어 시안 이도를 '단순화된 에스페란토'라 불러도 좋은지 문의해 왔고 자멘호프는 이를 단호히 거절했다. 자멘호프는 지도급 에스페란티스토들에게 흥분하지 말고 천박한 논쟁을 삼갈 것을 촉구했다. 그러나 몇몇은 흥분해 그의 조언을 따를 수 없었다. 카르트와 불렛이 가장 격렬히 공격했고 스웨덴 운동의 선구자 파울 닐렌은 분노로 가득 찬 반박 기사를 계속 실었다.

마침내 '이도주의자'들은 버틸 수 없게 되었다. 카우트랫은 제퍼슨이 요구한 고백을 연기하려 했고 에스페란토를 흑색 선전하기 위한 캠페인을 시작했다. 4월 '이도'의 지지자인 차알스 레마이어가 《La Belga Sonorilo(벨기에의 종)》지에 지도급 에스페란티스토들을 공격하는 글을 싣고 특히 자멘호프는 돈벌이에 눈이 멀었다고 비난했다. 《La Progreso(진보)》 3호에서 에스페란티스토였다가 이도로 건너간 미국의 맥스 탈메이는 천박한 풍자와 고의적 왜곡이 가득한 기사를 싣고, '이도주의'의 출판물에서는 일 년 내내 자멘호프를 공격하는 글을 실었다.

공개적으로 명예훼손과 모욕을 당하는 것은 상당한 정신적 충격을 주게 마련이었고 자멘호프도 예외는 아니었다. 그러나 신사답고 평화를 사랑하는 태도로 일생을 산 자멘호프는 이 정신적 고통을 놀라운 평정으로 버텨냈다.

한편 5월에 출간된 프랑스 잡지 《Espérantiste(에스페란티스토)》에서 보프롱은 마침내 놀라운 고백을 하였다. 다음은 기사의 내용이다.

이도(Ido) 선언

"이도의 행동과 의도에 관한 부당한 해석이 더 이상 용납되어선 안될 때가 왔습니다..... 이도는 단지 향후 에스페란토의 장래에 거의 틀림없이 닥치게 될 위험, 즉 국제어로 에스페란토가 거부당할 가능성으로부터 구하기 위한 방편으로 대표단에 제출된 것입니다. 대표단에 알려진 바와 같이 이도의 궁극적 목적은 에스페란토와 경쟁해 이를 대체하기 위해서가 아니라, 단순히 에스페란토의 개선을 위한 시안으로 제시되었고 그때문에 가명으로 제출되었습니다. 이도의 입장은, 더 이상 다른 국제어 시안은 나타나지 않을 것이고, 에스페란토가 몇가지 수정을 거쳐 원래의 명칭대로 유지되는 것이었습니다. 수정안이 승인되면 조용히 사라질 작정이었고 결국 에스페란토는 세계에 남을 것이었습니다. 이것이 이도의 꿈이요 바람이었으며, 만약 수정안이 통과되었더라면 뜻한 바 대로 실현되었을 것입니다. 이도가 원래의 에스페란토와 별개로 발표된 것은 대부분의 에스페란토

지도자들이 불행히도 이 문제를 진지하게 검토하려 하지 않았기 때문입니다. 조만간 그들은 이번 일로 비난을 받게 될 것이고 그들의 자성만이 용서될 수 있는 길입니다..... 여러분이 읽고 계신 이 발표문은 제가 작성한 것이고 보시다시피 저는 익명을 버리고 쓰고 있습니다."

보프롱

보프롱은 이것이 진실이고 자신은 최선을 위해 행동했다고 변호했지만 에스페란티스토 대부분은 음흉한 배반자의 거짓 뉘우침이며 뻔뻔스러운 자기합리화로 받아 들였다. 만약 이도의 고안자가 정말로 보프롱이라면 제네바에서 그가 자멘호프에게 키스할 당시 이미 이도를 만들고 있던 중이었을 것이다. 불렛이 당시 '유다'라고 중얼거렸던 것도 이해가 되는 일이었다. 진실은 더욱 수수께끼처럼 보였다. 릭 베르리가 이도의 진짜 고안자가 카우트랫이라는 주장을 했기 때문이다. 베르리가 한 말이 사실이라는 강력한 증거는 레메르가 카우트랫에게 보낸 의심스러운 편지였다. 베르리는 1914년 카우트랫이 죽은 지 얼마 지나지 않아 미망인을 방문했고 보프롱은 카우트랫과 나눈 서신들을 파기해 버린 이후였다. 이는 누군가가 아직 무언가 숨기고 있음을 암시하는 것으로 보이지만 보프롱이 자신이나 친구의 평판을 고려했는지는 알 수 없다. 두 사람의 실제 관계는 수수께끼로 남아있고 명확한 증거가 밝혀지기 전까지는 알 수 없는 관계였다. 만일 이도의 실제 고안자가 보프롱이라면 그는 자멘호프와 에스페란토를 배반한 것이며 이미 악평을 받은 것이다. 그러나 만약 그가 아니라면 그는 무엇 때문에 불명예스러운 결과를 가져올 이도를 발표했을까? 보프롱은 나약하고 불행한 인물로, 인기에 굶주리고 중요 인물이 되기를 고대하던 사람이었다. 그가 한 모든 거짓말은 사람들에게 인정을 받고 싶은 열망에서 비롯된 것으로 보인다. 현재까지도 이 이야기는 아직 확인할 길이 없다.

쿠투라의 행동 역시 혼란스럽다. 그가 왜 자신의 프로젝트를 익명으로 제출했으며, 나중에 보프롱에게 소유권을 강요했을까, 그리고 만약 그가 단지 '대리인'을 원했다면, 르메르의 제안을 거절하지 않은 이유는 무엇일까? 그의 동기에 대해 몇가지 추측이 가능할 것이다. 먼저 카우트렛에게 있어서 '보수파' 에스페란티스토들을 이기는 것을 더 큰 승리로 생각했을 수도 있다는 것이다. 하지만 그는 어떻게 보프롱에게 그같은 발표를 하도록 유도했을까? 자신에 대한 확신이 없는 그가 어쩌면 자신을 큰 희생을 하는 사람으로 여겨지길 원했던 것일 수도 있고, 언젠가 자신이 이도를 위한 순교자로 밝혀지기를 바랬을 수도 있다. 이것은 허구와 속임수에 오랫동안 맛들인 신경증 환자의 망상일 수도 있다. 그리고 쿠투라는 이런 식으로 그를 설득했을지도 모른다.

한편, 편협한 성격의 보프롱이 인류인주의의 문제로 자멘호프를 혐오하게 되어 그에게 상처를 주고 싶었을 것이란 설명도 가능하다. 만약 그의 동기가 인간 영혼의 비극적이고 헤아릴 수 없이 깊은 어딘가에 자리잡고 있다면, 보프롱은 적어도 신경증 환자에게 주어지는 최소한의 동정 정도는 받을 자격이 있다. 그러나 대다수 에스페란티스토는 그의 삐뚤어진 심리에 그리 관심을 두지 않았다. 단지 에스페란티스토 가운데 그가 괴로움을 당하고 있다는 사실을 알고 그를 돕고자 한 인물이 있었다. 동정심 많은 루드빅 자멘호프였다.

이도주의자 가운데 특히 카우트렛이 자멘호프에게 공개적인 모독과 모함을 계속해댔다.

"자멘호프는 약속을 어기고 돈에 눈이 멀었고, 몇 년째 독재자 노릇을 일삼고 있다. 자멘호프는 모든 객관적이고 자유로운 목소리에 고집스럽게 귀를 닫고, 독재자처럼 온갖 감언이설이나 그에 대해 숭배하는 말만 보고 들을 뿐이다."

이도주의자 맥스 탈메이는 보프롱이 자멘호프를 포함한 어떤 에스페란티스토보다 에스페란토 실력이 뛰어나다고 이도주의자들에게 말했다. 수 년 동안 자멘호프는 겸손하지만 자만심에 가득 찬 '왕'으로 풍자되었고 1911년 카우트랫은 자멘호프가 '이도'에 '에스페란토'라는 명칭을 사용하는 것을 거부했기 때문에 '분열'의 모든 책임은 자멘호프에게 있다고 주장했다. 사실상 이도와 에스페란토는 구조적으로 완전히 다른 것이었다. 자멘호프는 잘난 체하는 사람, 논쟁에서 강권을 발휘하는 사람으로 소개되었다. 이도 잡지 《La Progreso(진보)》에는 '에스페란토가 진흙탕 속에 빠져들고 있다'는 기사가 실릴 정도였다. 이같은 야비하고 유치한 논쟁의 한 가운데서 자멘호프는 분열로 가장 깊은 상처를 입고 모욕을 당했지만 고고함과 평온함을 유지했다. 드레드슨에서 대회장으로 출발하는 자멘호프를 독일 에스페란티스토 묍 박사와 줄리어스 귤럭이 카르트와 함께 배웅하고 있었다. 기차가 움직이기 시작하자 묍 박사가 소리쳤다.

"여러분 자멘호프의 속마음을 아십니까? 그는 바로 보프롱에게 가고 있는 것입니다. 그의 위선적인 행동에도 말입니다. 그는 자기를 배반한 친구 보프롱에게 가고 있는 것입니다. 배반자이고 유다 같은 인물을 용서하려고 말입니다."

자멘호프가 보프롱에게 보내려 했던 편지가 있었다. 이는 자멘호프에 관한 지독한 모함기사가 실렸던 12월에 쓴 것인데 결국 자멘호프는 이 편지를 보내지 못했다.

'비록 내가 그 자신이 판 구멍 속에 빠져버린 보프롱을 구하고 싶어도 그가 내 편지를 악용해 에스페란토에 해를 끼치는 쪽으로 사용할까 두려워 보내지 못했다.'

그 편지의 내용은 다음과 같다.

친전(親展)
친애하는 이에게!
오래전부터 편지를 쓰고 싶었으나 내 편지를 경쟁자의 위협처럼 여길 것 같아 아직 쓰지 못했습니다. 이제 나는 마침내 펜을 들었으나 당신을 비난하기 위해서도 아니요, 당신을 다시 에스페란토로 돌아오게 하기 위함도 아닙니다. 당신의 의지대로 행동하길 바랄 뿐입니다. 나는 단지 당신이 한 일에 대해 유감의 뜻을 표하고 싶습니다. 나는 그런 일이 벌어질 때 무관심하려고 노력했습니다만, 얼마나 가슴이 아팠는지 모릅니다. 지난 20여 년 동안 에스페란토를 위해서 그토록 헌신적이었고 모든 에스페란티스토들로부터 존경과 신뢰를 받았던 당신이 그런 일을 벌이다니! 자신이 이룩해 놓은 공적을 스스로 먹칠하여 빠져나올 수 없는 상황에 이르다니! 나는 결코 당신을 비난하지 않습니다. 모든 일은 당신 처지에서 본다면 단순한 실수일 뿐이며, 어쩔 수 없는 상황이었다고 생각할 것이기 때문입니다. 당신이 가슴속 깊이 실수를 후회하고 있으리라 믿습니다. 누구나 실수를 할 수 있으니, 그것을 부끄러워할 필요는 없습니다. 당신은 내 도움이 필요하지 않으며, 당신이 옳고 우리 모두가 틀렸다고, 미래가 그것을 보여줄 것이라고 대답할지 모르겠습니다.... 당신이 정도를 걷고 있으며 당신 일이 성공하리라 확신한다면 나는 당신을 우리에게로 부르지 않겠습니다. 그러나 당신이 후회하고 있다면, 당신은 지난 20년 동안 그렇게 고귀하게 일했던 사람들에게 언제든지 명예롭게 돌아올 수 있음을 잊지 마시기 바랍니다. 내 편지가 불쾌했다면 용서하시기 바랍니다.

자멘호프

보프롱이 과연 돌아왔다면 실제로 불렛, 카르트, 세베르가 환영했을지는 의문이지만, 가장 큰 상처를 입은 자멘호프는 그를 완전히 용서할 준비가 되어 있었다.

16장 통합

　이도로 인한 분열은 에스페란토 운동에서 몇몇 회원의 탈락과 소모적 논쟁으로 적지 않은 시간을 낭비했지만, 이 일이 지난 후, 에스페란티스토 대다수는 실질적 권위가 없는 사이비 기구로부터 에스페란토를 보호하기 위해서라도 더 견실한 조직이 필요하다는 점을 절감했다. 1908년은 가장 크고 중요한 단체인 세계 에스페란토 협회(U.E.A)가 창설된 해다. 이 단체의 목적은 다양한 언어를 사용하는 사람들 간의 관계 형성을 촉진하고 회원들 사이의 강한 연대감을 증진시키는 것으로 정의되었고 사용하는 언어는 바로 에스페란토였다.

　세계 에스페란토 협회의 공식 창립일은 1908년 5월 1일이다. 그해 세계 에스페란토 협회 연감이 초록색 표지를 갖춘 23쪽 분량으로 출간되었고 1959년에는 544페이지로 대폭 부피가 커졌다. 드레스덴에서 개최한 4차 세계대회에서 자멘호프는 명예의장에 선출되었다. 그해는 지난 동안 분쟁의 암울함과 대조적으로 긍정적인 발전이 있었다. 자멘호프 자신은 비난도 무시하고 배반자도 용서한 채 담담히 독일어 번역 작업에 열중했다. 또 국제 에스페란토 과학협회가 결성되었는데 《Scienca Revuo (과학 평론)》이라는 기관지를 만들었고 세베르가 초대 회장으로 활동했다. 이 조직과 기관지는 오늘날까지도 과학과 기술용어의 제반 문제에 관해 꾸준히 활동하고 있다. 미국 에스페란티스토들은 최초의 국내 대회를 열었고 보헤미아에서는 두 개의 경쟁 협회와 새로운 잡지가 등장했고 영국에서는 600여 명이 참석한 가운데 최초의 본격적인 영국 에스페란토 대회가 에든 버러에서 열렸다. 이집트에서 에스페란토 강좌가 열렸고, 필리 핀에서 잡지가 창간되었으며, 크로아티아어, 세르비아어, 슬로베 니아어로 학습서가 출판되고 예루살렘, 마데이라, 남아프리카공 화국 등 멀리 떨어진 곳에서도 새로운 에스페란티스토 단체들 이 조직되었다.

1908년 세계대회는 드레스덴에서 열렸는데 자멘호프와 몇몇 은 대회가 오스트발트의 나라에서 열리는 것이 현명한지 의구 심을 품었지만 대회는 40여 개국에서 1,368명이 참석할 정도로 성황리에 열렸다. 독일, 일본, 미국 정부도 대회에 관심을 나타 냈고 국제 적십자단에서는 대표단을 파견해 에스페란토를 활용 한 훈련에 참관했다. 유명한 배우 에마뉴엘과 여배우 레이첼이 자멘호프가 번역한 괴테의 『타우리스 섬의 이피게니에』란 작 품의 연극에 주역을 맡기 위해 에스페란토를 학습했다. 비록 단 어 몇 개가 생략되고 여기저기에 섬세한 감정묘사가 모자라기 는 했으나 원작의 장엄함을 충분히 전달한 훌륭한 공연이었다. 여배우 레이첼의 목소리는 황금의 목소리로 완벽하고 생생하게 공연하여 청중을 눈물짓게 했는데 에스페란토가 고급 예술 장 르에서 청중을 감동시킬 수 있음을 보여준 최고의 해답을 보여 주었다. 자멘호프는 원하지 않았으나 그에 대한 열광적 환호와 칭송을 들었다.

8월에 클라라와 함께 드레스덴을 향해 출발하여 베를린에서 며칠을 지내고, 드레스덴에서는 아놀드 박사의 집에서 며칠간 신분을 숨기고 조용히 지냈다. 지난 대회에서 자멘호프를 본 적 이 있던 불렛은 그가 그사이 많이 늙었다는 것을 알 수 있었다. 그러나 그의 눈은 생기로 가득 차 있었다. 이 대회에는 자멘호프의 아들 세 형제와 훗날 아담 자멘호프와 결혼하게 될 매력적인 소녀 완다 프랭클이 함께 대회에 참석했다.

늘 그렇듯, 대회의 하이라이트는 8월 17일 월요일 오전 10시 30분, 베린하우스에서 열린 개회식에서의 자멘호프 연설이었다. 자멘호프가 연설을 위해 일어섰을 때 청중들이 침묵해서 긴장감마저 들었다. 사람들은 아마도 배반자를 공공연하게 비난하는 연설을 생각했고 심지어는 희망했을 수도 있었다. 과로와 병과 실망으로 훨씬 나이 들어 보이는 작은 사내가 의례적인 인사와 감사로 연설을 시작했다.

"친애하는 동료, 동지 여러분, 지난 한 해는 비록 짧은 기간이었다고는 하나 에스페란토의 세계에서 다소간 혼란을 겪었습니다. 이제 모든 것이 다시 조용해졌습니다. 작년에 본인이 케임브리지 대회에서 언급한 바 있던 에스페란토란 나무는 대혼란을 일으킨 예기치 않은 공격에도 불구하고 건강하다는 걸 우리에게 확인해 주고 있습니다. 그 나무는 단지 나뭇잎 몇 개를 잃는 정도로 그 어려움을 이겨냈습니다."

그는 대다수 에스페란티스토의 헌신을 치하했고 지난 한 해 동안 에스페란토가 계속해 성장했다고 말했다. 그들이 기대한 말들을 신중하게 언급했다.

"우리의 사명은 규칙적으로 침착하게 앞으로 나아가고 있습니다. 이론적 판단과 권위 앞에 굴복하는 시대는 이미 오래전에 지났습니다. 길고도 힘든 전쟁이 우리 개인뿐 아니라 우리 전체를 단련해 어떠한 압력에도 에스페란티스토는 그들의 길을 똑바로 갈 수 있게 되었습니다. 그렇다면 어떻게 해서 잠간이라도 우리를 혼란에 빠뜨린 폭풍이 우리의 진영에서 일어나 우리에게 그토록 큰 해를 끼칠 위험이 생겼던 것일까요? 한 순간 우리 가운데에 그토록 많은 혼란을 불러일으킨 그 엄청난 힘은 무엇이었을까요? 이미 설명해 드린 바대로 그것은 엄청난 힘이 아니라 몇몇 사람에게서 나왔다는 것을 알 수 있습니다. 사실 가장 위험스러운 것은 외부의 공격이 아니라 우리 사이에서 예기치 않게 은밀히 준비되고 꾸며졌다는 사실에 있습니다. 그것은 내가 말하고 싶지 않은 이야기입니다, 이제 저는 이것만 말하고자 합니다. 우리는 국제어의 이념을 대표하는 사람들입니다. 우리가 원하는 대로 행동하되 미래가 우리의 행동을 준엄하게 평가할 것이라는 사실을 명심합시다. 에스페란토는 누구의 소유도 아니며, 에스페란티스토들은 조심스럽게, 충성스럽게, 합의하에 에스페란토로 무엇을 하든 할 권리가 있다는 것을 기억합시다. 오직 특정 개인으로부터 비롯된 혼란 상태로부터 우리 언어를 보호하기 위해, 우리는 유자격자로 구성된 언어위원회를 투표로 구성하였습니다. 세부 사항이라도 모두 토의에 상정할 수 있으며 유익하고 필요한 일이라면 평화스럽고 규정된 방식으로 토의할 수 있습니다. 만일 누군가가 여러분에게 모든 것을 부숴 버려야 한다고 충동한다 하더라도, 여러분을 불만에 빠뜨려 단합하지 못하게 할지라도, 우리의 목표를 달성할 유일한 길을 다시 한번 생각해 봅시다."

어떤 개인을 비난하거나 공개 비방하거나 모욕하는 일은 일체 없었다. 단지 지나간 불명예스러운 일을 잠시 언급하는 정도에 그칠 따름이었다. 그는 차분하고 행복한 표정으로 연설을 맺었다.

"제가 말씀드린 불유쾌한 주제를 용서해 주시기 바랍니다. 우리 대회의 역사에서 이런 일이 마지막이 되기를 바라는 마음에서 말씀드렸을 뿐입니다. 이제 모든 일을 잊고 세계 곳곳에서 온 이들과 더불어 축제를 시작합시다. 인류의 순수한 축제로 일주일을 보냅시다. 우리의 대회는 장래에 다가올 형제애의 역사를 위한 예비 연습이자 교육이란 점을 기억합시다. 우리가 우리의 언어에서 명심할 것은 사소한 외적인 세부사항이 아니라 그 본질과 이념과 목적입니다. 우리는 무엇보다 중단하지 않는 성장과 생명력을 중시해야 합니다. 어른과 아이의 차이가 크듯이 아마도 현재의 에스페란토와 미래의 에스페란토 차이는 엄청날 것입니다. 갖가지 어려움에도 우리의 언어는 활기차게 나아갈 것이고 그 정신은 강해질 것이며 목표는 마침내 완성돼, 우리의 손자 대에서는 우리의 인내를 칭송할 것입니다."

자멘호프가 자리에 앉자 청중들은 그의 연설보다 관대함에 더 감동을 받았다. 우뢰와 같은 박수 소리와 함께 모두 일어서 "자멘호프 만세! 에스페란토 만세!"를 외쳤다.

다음 날 클라라는 로스크위츠로 향했는데 그곳에선 지역 에스페란티스토들의 음악과 깃발과 꽃다발로 물결을 이루었다. 또 마을 사람 대부분이 에스페란토를 배우는 작은 휴양지 웨이세르 허스크에도 들렀다. 자멘호프는 저녁에 댄스를 즐기기도 했다. 자멘호프 가족은 대회 중에 얻는 열기와 활력에 종종 놀랐다. 베를린을 거치는 귀국길에 자멘호프는 독일 교육상에게 환영을 받았고 코펜하겐, 헬싱보리를 거쳤다. 티볼리 정원에서 열린 사교의 밤에서 덴마크 여성 에스페란티스토인 마르그레테 놀과 나란히 앉았는데, 그녀의 선생이 그녀를 영예의 주인공으로 선정했다. 그녀는 제퍼슨에게 영향받아 이도가 한창 위세를 떨칠 때도 에스페란토를 위해 애를 썼는데, 그녀에게 가장 인상 깊었던 점은 자멘호프가 에스페란토를 '나의 언어'가 아니라 '우리의 언어'라고 말한 것이었다.

자멘호프는 직카 거리의 집으로 돌아가기 전, 바드 라이네르츠에서도 며칠 머물렀다. 안과의사로서 그의 생활은 처음 몇 년의 어려운 시기를 거쳐 자리를 잡았고 식구들도 평화롭고 만족스럽게 생활했다.

그는 부유하지 않았기에 대회 참석으로 장기간 여행하려면 항상 재정적인 희생을 치러야 했다. 바르샤바에서 지낸 초기의 어려움을 제외하면 그 후의 생활은 그리 빈궁하지는 않았다. 그는 훌륭한 안과의사였으며 빈민에게 관심을 잊지 않고 일주일에 한두 번은 무료 진료를 했고 같은 안과의 아들에게도 이 관습을 이어가도록 권했다. 환자들은 대기실에서 언제든지 에스페란토 잡지를 꺼내볼 수 있었다. 자멘호프가 그의 언어를 숨겨야 하는 시기는 지나간 것이다. 군의관들도 그가 뇌물을 받지 않는다는 사실을 알고 있어 그의 진단서를 전적으로 신용했다. 규정상 그는 오전, 오후 각 2시간씩 환자를 진료해야 했으나 이 시간을 지키는 경우는 드물었다. 후에 아담의 아내가 된 완다 프랭클은 아버지가 자멘호프와 대학 동창이었는데 어린 환자로서 자멘호프를 처음 만났다. 어린 소녀가 대기실에서 더럽고 거친 외모에 눈병을 앓아 보기 흉한 환자들을 보면 겁이 났지만 수술실에서 안경을 쓴 채 온화한 눈빛으로 동정심 많아 보이는 안과의사를 마주했다. 안심한 그녀는 눈물을 흘리거나 주춤거리지 않고 치료를 받아 자멘호프에게 용기 있는 소녀라고 칭찬받았다. 후에 그녀는 "그 순간 안과의사가 되리라고 결심했다"고 술회했고 그녀의 소망은 훗날 성취되었다.

자멘호프는 책을 써서 돈을 많이 벌지는 못했으나 생활에 다소간의 도움을 주었다. 직카 거리의 자멘호프 집은 꽤 편안하고 견고하게 꾸며져 있었고, 각지에서 자신의 책을 보내준 에스페란토 작가들 덕에 훌륭한 서가도 마련했다. 또 그를 존경하는 이들로부터 받은 귀중한 기념품과 선물들을 많이 소장하고 있었다. 바르샤바 외곽의 미드제진 마을은 바르샤바 가족들이 즐겨 찾는 저렴한 주말 휴양지였다. 그 시기에 어렵지 않은 다른 폴란드 가정처럼 집안일을 돕는 하인을 두었다.

자멘호프의 집은 에스페란티스토들에게 순례의 장소와도 같았다. 클라라가 만드는 크림을 얹은 딸기 파이는 손자 세대까지 기억에 남았다. 한 번은 자멘호프 생일에 한 에스페란토 그룹이 축하 케이크를 보냈는데 안타깝게도 도착했을 때는 이미 굳어져 버린 일도 있었다. 많은 이가 선물이며 편지며 사과와 배 등을 보내기도 했다.

그는 절제력이 대단했지만 담배를 피우는 습관을 완전히 끊지 못했다. 친구이자 주치의 큐닝 박사의 경고에도 예민하고 과로에 시달려 담배를 끊을 수 없었다. 그는 건강하지 못했으면서도 자신의 건강을 돌보지 않은 듯했다. 1908년 12월 모스첼스에게 보낸 생일 축하 편지에서 이렇게 썼다.

"사실 일이 너무 많아 피곤합니다. 충분히 쉬면서 머리를 식히고 재충전하기를 간절히 바라고 있습니다. 하지만 몸은 아프지 않습니다"

아내 클라라가 쓴 편지에는 실제 상황을 다음과 같이 적었다.

"남편이 조금이라도 휴식을 취한다면 건강해질 것입니다. 그러나 그는 언제나 지나치게 일하고 게다가 때때로 걱정거리도 생기고 최근에는 더 긴장했고 과로했습니다. 잘 걷지도 못하는 형편이어서 종일 책상에 앉아 있어야 합니다."

직카 거리 자멘호프의 집은 단순하고 소박하지만 편안했고 분위기도 아늑했다. 아버지의 따뜻한 사랑을 맛보지 못했기에 자멘호프는 아이들이 잘못하더라도 화내지 않았으며, 아내나 아이들에게 에스페란토나 그의 생각을 강요하지도 않았다. 이 모든 것은 그가 다정하고 세심한 아버지이자 남편이였음을 말해준다. 그는 권위적인 아버지가 아니여서 독재적 훈육방식을 따르지 않았고 자식들을 체벌하지 않고 키웠다. 대신 아이들은 조용하고 이성적인 질책을 오랫동안 기억했다. 자멘호프는 자녀들이 잘못된 행동의 결과를 경험으로 깨닫게 해야 한다는 의미에서 처벌을 믿었고 때로는 구석에 서 있으라는 명령을 받기도 했다. 자멘호프는 무엇보다도 정직한 사람이 되라고 강조했다. 어머니의 활달함을 이어받은 소피아와 아담에게는 막내 리디아보다 더 엄격히 대했다. 그의 집에는 늘 어린아이들이 있었고 특히 일요일 오후에는 다른 집에서 놀러온 아이들로 북적였다. 작은 사촌들이 자멘호프 집에 모이면 다른 방에서는 자유롭게 놀 수 있었지만 루텍 삼촌의 서재에는 절대 출입할 수 없었다. 일요일 저녁이면 자멘호프는 식구들과 함께 응접실에서 휴식을 즐겼는데, 보통은 식구들에게서 좀 떨어진 햇빛이 들지 않는 곳의 안락의자에 앉아 있기를 좋아했다. 그는 온 가족 중에서 가장 말이 적은 사람 중 하나였지만 그가 얘기를 시작하면 아이들은 자신의 작은 문제를 털어놓기를 좋아했다. 때때로 식구들이 간단한 카드놀이를 할 때면 그도 조용히 참여했다. 병원 일이 끝나고 환자들이 돌아가고 나면 그는 밤늦도록 타자기로 편지를 쓰고, 에스페란토 책을 만들고 번역했다. 그는 문제를 생각할 때면 종종 뒷짐을 지고 걸어 다니면서 작은 곡조를 흥얼거렸다. 그의 습관적 표정은 온화하고 평온했지만 웃는 모습을 거의 볼 수 없었는데 막내 리디아는 아빠가 웃을 때 눈보다 뺨에 미소가 번졌다고 회상했다.

클라라는 아주 충실하고 뛰어난 가정주부였다. 다소 말을 많이 하는 활달한 성품을 가진 그녀는 사교 행사에서도 주도적이었고 남편의 충실하고 유능한 비서 역할도 했다. 가족들에게 루드빅의 대회 순방 이야기, 남편에게 쏟아진 영예, 대회 연설의 열띤 호응에 대한 이야기를 들려주곤 했다. 권위적이고 냉정했던 자멘호프의 아버지 마르쿠스는 자식들이 자기 손에 키스하기를 바랬는데 마음속에서 우러나오는 애정과 존경의 표시로서는 아름답지만, 취향에 안 맞았는지 자멘호프는 자녀들에게 이런 요구를 하지 않았다. 그러나 세 자녀 모두 자발적으로 기꺼이 아버지의 손에 입맞춤을 하는 것이 그 가정의 분위기였다.

17장 바르셀로나와 워싱턴

1908년 말 폴란드 에스페란티스토들은 오랫동안 희구해 온 그들 자신의 본격적인 합법 조직을 가지게 되었고, 자멘호프의 동생 레온 자멘호프는 바르샤바의 《Pola Esperantisto(폴란드 에스페란티스토)》라는 잡지의 초대 편집자가 되었다. 닐렌은 이도의 분열 이후 피폐해진 스웨덴 에스페란토 운동을 재건했고 10월 중순 새로운 조직을 결성하였는데 이 조직이 곧 스웨덴 에스페란토 연합이며, 훌륭한 월간 잡지도 발간하여 오늘날에 이르고 있다.

제5차 에스페란토 대회는 바르셀로나에서 개최되었다. 스페인과 카탈루냐의 두 에스페란토 협회는 2월 초부터 문학 경연 대회를 포함한 획기적인 프로그램을 계획하고 있었다. 그러나 7월에 카탈루냐의 민족주의자들이 봉기하면서 교회와 종교 건물 60여 곳을 파괴한 '비극의 주일'이라는 폭력 사태가 발생했다. 신문들의 과장된 보도로 대회가 열리지 못할지도 모른다는 우려가 있었지만 9월 초가 되자 말을 탄 무장 군인들이 거리를 순찰하는 상태에서나마 바르셀로나는 평온을 되찾았다. 9월 1일 전직 철도원이며 스페인에서 종교 분리 교육론과 사회주의 운동의 선구자 역할을 했던 프란시스코 페레가 카탈루냐 봉기의 주동자로 체포되었다. 대회가 끝난 다음 날 그는 군법회의에 기소되었고 9월 13일 총살형에 처해졌다. 그러나 3년 후 전 세계가 분노한 가운데 스페인 군부 최고 당국은 페레에게는 폭동에 대한 어떤 죄도 없다는 사실을 시인했다. 이 같은 상황은 자멘호프의 고국과 너무나 흡사했는데 억압과 폭동과 짓눌린 정의가 난무하는 가운데 대회가 열렸고 모든 우려스러운 보도에도 불구하고 천 명이 넘는 사람들이 대회에 참석했다.

유난히 긴 여정 끝에 자멘호프는 9월 4일 바르셀로나에 도착하였고, 스페인 왕이 보낸 말 여덟 필이 끄는 궁정 마차를 타는 환대를 받았다. 스페인 국왕은 대회에 깊은 관심을 보였고 명예대회장이 되었다. 대회 프로그램은 일반 전통에 따랐고, 에스페란토 저술을 자극하는 문학 경연대회와 순수예술 경연대회가 열렸다. 카탈루냐의 드라마 「슬픔의 신비」가 에스페란토로 공연되었다. 자멘호프는 9월 10일, 카탈루냐 시인 아리뷰의 생가를 찾았다. 아리뷰는 언젠가는 국제어가 인류의 형제애를 위해 공헌하리라고 예언한 인물이었다.

자멘호프는 당시 전개된 정치적 소요를 고려해 다양한 주제들이 논란의 여지와 위험을 줄 수 있다고 생각해 대회연설에서 짧고 그다지 중요하지 않은 연설을 했다. 수많은 회의와 사교행사로 빡빡한 대회 일정을 보낸 후 발렌시아로 떠나는 여정이 편안하기를 바랐다. 그러나 여정은 크고 작은 사건의 연속이었다. 약 120명이 바르셀로나에서 기차를 탔는데 자멘호프는 기차가 출발 경적을 울리기 5분 전에야 도착하였다. 자멘호프 일가, 세베르 내외, 비서 등이 많은 짐과 함께 가까스로 마지막 칸에 탔다. 타라고나에서는 또 다른 소동이 벌어졌는데 자멘호프가 탄 마지막 칸이 사전 경고 없이 기차에서 풀어진 것이다. 자멘호프와 그의 친구들을 다른 칸으로 옮기기 위해 많은 에스페란티스토들이 달려와 도움을 주어 자멘호프는 한 칸에, 클라라는 다른 칸에, 세베르 내외는 또 다른 칸에 흩어져 앉을 수 있었다. 일행은 나중에 짐을 정리하고 세어 본 후에야 세베르의 외투,

자멘호프 부인의 손가방이 없어진 것을 발견했다.

날씨는 맑았지만 곧 구름이 조금씩 늘어났다. 위원들은 토르토사에서 점심을 먹으려고 기차에서 내렸다. 그러나 식사를 하는 중 먹구름이 몰려들어 비를 뿌렸고, 사람들은 램프를 달아놓은 구멍을 통해 물이 안으로 쏟아져 들어오는 걸 보고 기차로 돌아왔다. 한곳에서는 숙녀가 구겨진 신문으로 임시방편으로 램프 구멍을 막아 잠시나마 빗물을 막았지만, 곧 흠뻑 젖어서 부풀어 터져 불운한 신사의 머리를 적시고 말았다. 자멘호프의 칸에는 그나마 신문을 가진 숙녀조차 없었다. 그리하여 자멘호프는 억수같이 쏟아지는 빗물을 피해 객실 옆에 몸을 기대고 자리에 서 있어야 했다. 자멘호프는 마침내 헤르타의 오렌지와 카로브 관목 숲의 풍경을 즐길 수 있었다. 지역 에스페란티스토들은 역마다 꽃다발과 선물과 노래로 환영을 했고, 사군토에서는 지역 에스페란토 그룹이 자멘호프에게 향기로운 오렌지 한 상자를 선물하고 다른 회원들에게는 오렌지와 오렌지꽃을 나눠주었다.

자멘호프와 클라라는 오후 10시 40분 발렌시아에 무사히 도착하자 안도의 숨을 쉬었다. 거기서 에스페란티스토들 뿐 아니라, 에스페란토찬가를 연주하는 밴드와 훨씬 더 많은 군중들을 만났다. 이곳 사람들은 자멘호프의 방문 소식을 접하고 두 달 전부터 자멘호프를 환영할 준비를 해왔는데 마치 왕자를 맞이하듯 극진히 영접했다. 자멘호프와 그의 언어 에스페란토는 가는 곳 마다 스페인 사람들의 상상력을 사로 잡았고 그가 호텔 발코니에 모습을 드러낼 때마다 박수를 보냈다. 스페인 국왕은 자멘호프에게 이사벨라 가톨릭 훈장을 수여했다.

다음 날 일행이 사군토 여행을 마친 후 발렌시아에 돌아 왔을 때 곤경에 처한 자멘호프와 세베르를 발견하고는 몹시 놀랐다. 너무 많은 관광객의 무게를 견디지 못해 오래된 로마 시대

성벽 일부가 무너져 내리는 사고가 일어난 것이다. 사실 다섯 명 정도가 대단치 않은 상처를 입은 정도였지만 신문 기자들이 무책임하게 에스페란티스토 다섯 명이 사망했다는 오보를 냈다.

귀국길에 자멘호프는 드레스덴에서 오스트발트 교수와 잠시 시간을 보냈다. 스페인에서 그를 만난 적이 있던 독일 에스페란티스토 베르헨트는 그가 좀처럼 사용하지 않던 '나'라는 말을 자멘호프가 한 것을 잊을 수 없었으며, 작은 파티에서 자멘호프를 보았던 줄리아 울프슨은 자멘호프 부부의 사이좋아 보이는 모습과 이미 에스페란토로 초콜라도(ĉokolado: 초코렛)라는 말을 이해하는 여섯 살 짜리 귀여운 딸 리디아를 보고 즐거워했다.

12월에 50번째 생일을 맞은 자멘호프는 전 세계 여러 곳에서 축하를 받았다. 너무 많은 선물과 축하 인사를 받아 전보, 편지, 엽서, 신문 기사 등에 대한 감사의 인사를 에스페란토 신문에 실어야 할 지경이었다. 오스트리아에서는 특별히 훌륭한 사진과 자필 서명이 들어 있는 앨범을 보내왔다. 바르샤바에서는 700여 명이 참석한 가운데 콘서트와 축하 파티가 열렸고, 폴란드의 과학자이자 저술가인 니에모제스키가 에스페란토로 축사를 했다. 로우, 로즈, 피트로우 등 폴란드 여러 도시에서도 축하행사가 열렸고 영국에서도 수많은 단체가 축하행사를 열었다. 자멘호프 자신은 모든 행사가 에스페란토의 창안자를 위한 것이 아니라 에스페란토 그 자체를 위한 것이라고 주장했지만 이에 동의하는 사람은 거의 없었다.

제6차 대회는 1910년 워싱턴에서 열기로 확정됐지만 한동안 대회가 실패할 것이란 이상한 소문이 떠돌았다. 한편, 에스페란토는 러시아에서 괄목할 만한 성장을 이루어 《La Ondo de Esperanto(에스페란토의 물결)》란 수준 높은 좋은 잡지가 등장했다. 이 잡지의 한 호에서는 관료주의로 인해 러시아에서 에스페란토 협회를 조직하는데 어려움이 많다는 유감스러우면서도 유머러스한 기사가 실렸다. 기사 작성자는 설립 허가 신청을 청구한 지 2주일이 지나도 정부가 답을 주지 않을 경우 허가 없이 합법적으로 설립할 수 있다는 사실을 상기시키면서, "우리 정부는 서두르는 걸 좋아하지 않기 때문에 이는 중요한 특권이다." 라고 썼다. 에스페란토 강습을 열 때는 허가를 받아야 했지만 3일 전에 지방경찰 당국에 보고만 하면 에스페란토 공부를 위해 모임을 갖는 것은 합법이었다. 다만 교육생 중 한 명은 경찰관이 되도록 해야 했다.

최초의 러시아 에스페란토 국내 대회가 1910년 5월 상트페테르부르크에서 열렸고 자멘호프도 참석하였다. 그는 국내 모임에서도 에스페란토 사용을 권유하는 내용의 연설을 시의회 건물 알렉산더 홀에서 하였다.

"여러분들은 제가 러시아 말이 아닌 에스페란토로 말하는 것을 보고 놀랐으리라고 생각합니다. 아마 여러분들은 이 모임이 같은 말을 사용하는 한 나라에서 열리기 때문에 모국어를 사용하는 것이 당연하다고 생각하고 있을 줄 압니다. 그러나 제가 에스페란토로 말하는 중요한 이유가 있습니다. 우리의 대회는 세계대회 뿐 아니라 국내 대회에서도 무엇보다 교육적이고 교수(敎授)적인 측면에서 매우 중요합니다. 여러 도시와 마을에서 모인 에스페란티스토들이 함께 만나 이야기하면서 그동안 올바로 잘 배웠는지, 잘 이해하고 있는지를 살펴 보고 숙달된 에스페란티스토들과 자신의 발음을 비교할 수 있는 기회이기 때문입니다. 고향에 돌아가면서 더 향상된 발음을 할 수 있게 될 뿐 아니라 고향에서는 정확한 발음의 모델 역할도 하게 될 것입니다. 이런 까닭으로 대회 동안 모국어 사용을 제한하게 되며, 대회 덕분에 에스페란토는 이제 개별국가들뿐 아니라 세계 곳곳에서 에스페란토가 균일하게 사용될 수 있게 되는 것입니다. 훌륭하게 에스페란토를 구사하는 연설가의 연설을 들어 보면 그의 국적도 짐작할 수 없을 정도입니다. 빌려 오거나 모방하지 않고 완전히 독립적인 우리 언어의 생명력과 정신은 이런 과정을 거쳐 더욱 성장하게 됩니다."

모든 대회는 아직 익숙하지 못한 에스페란티스토들에게 유창하게 말하는 것이 가능하다는 걸 보여주는 효과가 있고, 이것은 세계대회 뿐 아니라 국내 대회에서도 같은 목적에 유용하다. 특히 러시아 같은 큰 나라에서는 대회 언어로 에스페란토를 사용하는 것이 바람직하다. 자멘호프는 미묘한 주제를 재치와 신중함으로 다루었다.

다른 나라들에서도 전진이 계속되었다. 루마니아 에스페란티스토들은 1909년에 첫 전국대회를 열었고 비록 느렸지만 포르투갈에서도 이미 1,330권의 에스페란토 책이 출판될 정도로 입지를 굳혔다. 프랑크푸르트에서 열린 국제 항공 전시회에 특별 에스페란토 안내 부스가 설치되었는데 하먼과 알치콘 같은 비행사들은 항공기에서 언어장애로 인한 실제 위험성을 오래 전부터 인식하고 있었다. 다음 해에 이탈리아 에스페란토 연합이 결성되었다. 7월에는 아우구스버그에서 세계 에스페란토 협회의 독립적인 세계대회가 처음으로 개최되었다.

8월 2일 자멘호프는 미국 워싱톤에서 열리는 제6차 세계대회 참석을 위해 클라라와 함께 브레멘을 출발해 다음 날 사우샘프턴에서 조지 워싱턴호를 타고 항해했다. 배는 대서양을 건너 8월 11일 뉴욕에 도착하여 며칠을 머물렀다. 그 곳에서 폴렌 대령의 친구가 자멘호프와 세 명의 독일 에스페란티스토들에게 대형승용차를 빌려주어 5번가, 센트럴파크, 리버사이드 등을 방문했다. 8월 13일 워싱턴에 도착한 자멘호프는 앨링턴 호텔에 숙소를 정했다. 워싱턴 대회는 대부분의 유럽 에스페란티스토들의 미국 방문이 불가능했기 때문에 규모가 크지 않았지만 그렇다고 실패였다고 말할 수도 없었다. 유럽인 83명을 포함 357명이 참석했다.

8월 15일 아침, 공식 개회식에서 연설하기 위해 자멘호프가 자리에서 일어섰다.

"자유의 땅, 미래의 땅 당신께 경의를 표합니다! 고통받는 사람과 무고한 박해의 희생자들이 꿈꿔 왔고 여전히 꿈꾸고 있는 곳, 모든 종족과 교파를 초월해 모든 정직한 아들들에게 속한 인간의 땅, 당신께 경의를 표하며 잠시라도 이러한 땅을 밟아보고 자유의 공기를 마실 수 있게 되어 얼마나 기쁜지 모릅니다. 신세계의 가장 강력한 대표자인 미국에게 경의를 표합니다. 우리는 구대륙에서 손님으로 이곳에 왔지만, 관광을 위한 관광객이나 무역을 하는 상인으로 오지 않았습니다.

우리는 여러분에게 새로운 감정과 새로운 아이디어를 전달하기 위해 왔습니다. 우리의 아이디어와 이상을 공유하는 사람

들, 지금까지 여러분과 함께 일해 온 사람들에게 새로운 용기를 주기 위해 왔습니다. 그들이 전하는 이야기가 여러분에게는 너무 동화 같게 들릴지도 모릅니다. 출신은 다양하지만 우리 언어와 마음으로 하나가 된 그 민족의 일부가 여러분 앞에 생생하고 실재하는 모습으로 서 있습니다."

러시아령 폴란드에서 온 유대인이 신선한 자유의 공기를 느낀 것은 놀라운 일이 아니었다. 대회는 진지한 사업, 에스페란티스토 축제, 문화 관광 등 예전 대회들과 같이 다양하게 진행되었다. 워싱턴은 따뜻하게 에스페란토 손님들을 맞아주었다. 일간지 〈워싱턴 이브닝 스타〉지는 에스페란토로 "자멘호프 도착하다(Zamenhof alvenas)"라는 헤드라인을 단 기사를 실었다. 미국 각주에서 대회에 공식적으로 대표단을 보냈고 중국 대사관 류핑뎬의 짧은 중국어 인사가 참가자들의 호기심을 자극했고 필리핀에서 온 회원이 에스페란토로 통역했다.

대회 중에 아이비클레르만 리드 박사가 번역한 셰익스피어의 「당신 뜻대로」를 지방 극단이 공연했다. 이 공연은 불과 5주 전에 에스페란토를 학습한 현지 전문 배우들에 의해 공연됐는데 매우 성공적이었다. 무도회에서는 각국 민속 의상이 부족했지만 폴렌 대령은 '에스페란토 나라의 왕'으로 동양 의상을 이용해 분장했고 특히 키가 큰 미국인 배우는 성조기를 두른 '엉클 샘'으로 분장했다.

대회 후 자멘호프 부부는 8월 21일부터 여행을 떠났다. 버팔로까지 이동하여 웅장한 산악경관을 즐긴 후 유람 열차를 타고 나이아가라 폭포도 돌아보았다. 다음 날 자멘호프는 20여 년만에 헤어진 가족들과 만날 수 있었다. 고모인 네이선 루이스부인, 사촌 헬렌 루이스와 잭 자멘호프였다. 이들은 함께 몬트리올로 돌아왔고 저녁에 열린 파티에는 기다리던 다른 사촌들과 모두 20여명이 참석해 시간을 즐겼다. 몬트리올에서 자멘호프 가족은 윈저호텔에 투숙했고 많은 신문과 인터뷰를 하고 비컨스필드의 가족 여름별장을 방문하기 위해 차를 타고 가면서 가족들과 담소를 나누며 모처럼의 짧은 휴식과 평화를 누릴 수 있었다. 9월 3일 자멘호프 가족은 원양 정기선 카이잘린 오거스티스 호를 타고 뉴욕을 출발했다. 그가 탄 배에 마리아 행켈이라는 독일 에스페란토 시인이 타고 있었는데, 그녀는 자멘호프가 갑판 의자에서 휴식을 취할 때 자주 옆에 앉아 있었다. 그가 그녀에게 말했다.

"말수가 적은 사람이라 제가 잠자코 앉아 있어도 양해하시기 바랍니다. 당신이 말을 걸어온다거나 무엇인가 묻고 싶다면 기꺼이 대답할 수 있습니다. 독서를 기꺼이 중단할 수도 있습니다."

마리아는 대화에서 그가 다른 에스페란토 사용자들의 의견을 자신의 것 만큼 가치 있게 여기는 모습에 주목했다. 이도 사용자들에 대해서도 전혀 동요하지 않는 모습을 보였다.

자멘호프가 바르샤바에 도착했을 때 친구들은 긴 바다 항해를 마치고 그의 건강이 더 좋아졌다고 생각했다. 아마도 항해 기간 동안 강제적인 휴식이 그에게 최고의 약이 되었던 것 같다. 자멘호프는 곧 산더미처럼 쌓인 서신과 번역작업에 다시 매달렸다.

1911년 7월 런던에서 열릴 예정이었던 세계인종 대회를 위해 자멘호프는 1910년 9월부터 에스페란토로 '인종과 국제어'에 관한 논문을 썼고 대회 사무국에 제출하기 위해 세베르가 번역을 맡았다. 자멘호프는 인종 간, 국제 간 갈등의 원인이 경제적이기보다는 심리적이라고 주장했다. 많은 백인들이 흑인들에게 혐오감을 갖고 있지만, 이는 인종적 반감이 아니라 흑인들을 낙후되고 야만적인 인종으로 보는데서 나온 것이며 그들이 더 문명화되면 혐오감은 존경심으로 바뀔 것이라는 생각에서 비롯된 것이다. 그는 인종들이 얼마나 혼혈되어 있는지, 인종적 순수성이란 존재하지 않는다는 점을 지적했다. 그에 의하면, 인종간 적대감을 해결할 수 있는 방법은 하나의 언어와 하나의 종교를 채택하는 것이라고 생각했다.

"원칙적으로 인류를 사랑하는 모든 사람은 인류가 하나의 언어와 하나의 종교를 가져야 한다는 것을 목표로 삼아야 합니다. 불행을 초래하는 것은 집단의 존재 자체가 아니라, 지금까지 피할 수 없었던 서로에 대한 간섭입니다. 어떤 집단의 구성원과 소통할 때마다, 그에게 내 언어와 관습을 강요하거나, 아니면 그가 자기 것을 내게 강요해야 합니다. 이런 안타까운 강요가 사라지면 민족 간 증오도 사라질 것입니다."

에스페란토 대회는 이미 중립적인 언어의 가능성을 보여주었다. 하지만 자멘호프는 에스페란티스토들 사이 갈등으로 인한 불안감으로 끊임없이 힘들어했고 그의 약한 건강은 더욱 악화되었다. 특히 이 시기에 세베르의 중앙 사무소와 호들러의 U.E.A 사이의 경쟁, 프랑스 에스페란티스토들 사이의 불화가 주된 고민이었다. 또한 그는 하셰트와의 관계를 잘못 표현한 일부 이도주의자들의 비방에 대해 반박을 발표할 필요성을 느꼈다. 1911년 6월 28일, 건강이 갈수록 악화되어 치료가 필요하다며 벨기에 앤트워프에서 열리는 제7차 대회에는 참석을 못할 것 같다고 세베르에게 편지를 썼다. 하지만 세베르가 그를 설득했다. 자멘호프는 세베르와 보이락이 공격받을 경우 변호해 주겠다고 약속했지만, 조직 문제에 관해서는 중립을 유지해야 한다고 생각했다. 독일 바트 키싱겐에서 받은 치료는 별 도움이 되지 않았고, 의사들은 그에게 장기간의 휴식과 안정을 권했지만, 자멘호프에게는 그런 시간이 결코 주어지지 않았다.

18장 앤트워프와 크라코프

8월 18일 금요일 자멘호프는 아내 클라라와 함께 앤트워프에 도착했다. 그는 평소처럼 열렬한 환영을 받았다. 시청의 레이스 홀은 환영객으로 가득 찼고, 안으로 들어가지 못한 사람들은 아래 광장에 모여 'Vivu!(만세), Vivu!(만세)'를 외쳤다. 시장은 자멘호프에게 건배를 나눴던 술잔을 선물했고, 클라라에게는 세 송이의 붉은 장미를 건넸다. 자멘호프가 황금 책에 서명하는 동안, 누군가 에스페란토 찬가를 부르기 시작했고, 음악이 홀을 가득 메우면서 아래 광장에서 여러 여성들의 목소리가 순수한 천상의 멜로디로 화답했다.

1,733명의 대회 참가자들 중 많은 이들은 자멘호프의 개인적인 고민을 모르고 있었지만, 대회는 성공적이었다. 위원장 반데 비스트안델호프 박사가 번역한 스파크의 플랑드르어 드라마 〈카아트제〉가 오페라 하우스에서 공연되었고 벨기에 왕실과 정부는 대회를 지원했다. 벨기에 국왕이 대회 공식 후원자가 되었고, 70명의 저명한 벨기에인들이 국왕을 따라 후원자 명단에 이름을 올렸다. 자멘호프는 개회사에서 모든 에스페란티스토들에게 조직 문제를 평화롭고 실용적으로 해결할 것을 부드럽고 이성적으로 호소했다. 그 후 전개된 논의는 대체로 화합적이었다. 자멘호프의 일부 제안이 받아들여졌지만, 중앙 조직에 관한 더 큰 문제에 대해서는 따로 위원회를 만들어 전체 문제를 연구하

고 다음 회의에 보고서를 제출하기 전까지 논의를 연기하자는 불렛의 제안을 받아들였다.

자멘호프는 매번 소모임에서 이들이 사용하는 용어의 명확한 개념을 정의하고 흥분을 가라앉히기에 전력을 기울여야 했다. 이처럼 작고 연약하며 조용조용히 말하는 사람에게서 마치 자력이 흘러나오는 것처럼 격렬하게 사람을 사로잡는 힘이 나온다는 것은 놀라운 일이었다.

그러나 자멘호프의 노력이 매번 성공을 거둔 것은 아니었다. 초창기부터 중앙집권적이고 대규모, 민주적인 조직이 필요하다고 생각한 미쇼는 이 위원회가 자신의 건설적 제안을 묻어두려는 생각이라고 오해했다. 그는 마음이 상해 귀국하자마자 불로그네의 850명 규모 에스페란토 그룹을 해산해 버렸다. 미쇼의 이같은 행동이 자멘호프에게 충격을 주었음은 두말할 나위도 없다. 앤트워프대회에서 일어난 특기할 만한 사항은 에드몽 쁘리바가 뛰어나게 진행한 에스페란토 문학강의였는데, 쁘리바는 이 강의에서 자멘호프가 초기 에스페란토 운동 당시 겪은 어려움을 언급했다.

자멘호프와 클라라는 여행 중에 이용한 증기선에 프로펠러 문제가 생기자 여행 내내 귀를 윙윙 울리는 소음을 참아내야 했다. 자멘호프는 '마치 내 인생과 같군' 이라는 농담으로 불평을 대신했다.

자멘호프는 에스페란티스토들로부터 많은 선물을 받았지만, 여러 선물 가운데 가장 좋아한 것은 시각 장애인 에스페란티스토들이 워싱턴에서 앤트워프로 가져온 에스페란토 깃발이었다. 자멘호프는 이 깃발을 힘껏 높이 휘두르며 "선한 의지만 있으면 무엇이든 할 수 있다는 우리 모두의 상징이 되게 하소서" 라고 외쳤다. 자멘호프는 앤트워프 에스페란티스토들에게 그림을 선물로 받고 감사를 표하며 "대회에 참석하면서 느낀 기쁨이 몸 아픈 내 건강상태를 완전히 잊게 만들었습니다." 라고 말했다. 그는 사석에서 동생 레온에게 "대회 때마다 나는 매번 큰 만족감을 얻고 내 생각이 실현되고 있다고 느낀다. 그러나 동시에 그 열광이 내 생명을 단축하는 것 같기도 하다." 라고 했으니 그 기쁨이 얼마나 컸을지 짐작할 수 있다. 대회 후 자멘호프는 여러 모임에 참석하며 8월 28일까지 파리에 머물렀다. 각계 저명인사들이 참석한 중앙 사무실 회의에서 세베르는 자멘호프를 '에스페란토의 아버지' 라고 소개했다. 이에 자멘호프가 대답했다.

"나는 나쁜 아버지입니다. 아이들을 위해서 안식처와 양식을 준비하지 못했습니다.... 관대하고 선량한 장군이 없었다면, 아이들은 모두 굶거나 얼어 죽었을 터입니다.... 다행히도 장군은 음식과 거처를 모두 제공했습니다. 그야말로 나보다 훌륭한 아버지로, 그는 양아버지나 진배없습니다."

1912년에는 자멘호프가 세베르에게 대회에 참석하라고 설득하는 처지가 되었다. 사람들이 지도부 내에 분열이 있다는 오해가 생기지 않도록 하기 위해서였다. 자멘호프는 프랑스 에스페란토계에 상처를 입힌 상호 질투심 속에서 피스메이커 역할을 해야 했다. 당시 카르트는 이도 분열의 충격 때문인지 지나치게 의심을 많이 해, 헌신적이면서도 그에 못지않게 실수도 자주 저질렀다. 그러나 브라질, 영국 외에 불가리아, 독일, 멕시코, 스페인, 미국 등에서 에스페란토 운동이 괄목할만 하게 발전해서, 학교 교과서에 에스페란토가 포함됐고 프랑스에서는 에스페란토를 가르치는 학교가 가장 많았다. 에스페란토는 무역, 광고, 관광, 과학, 전문 국제회의에서 점점 더 많이 사용되었다.
1912년 6월 3일 자멘호프는 건강회복을 위해, 바트 잘츠부른의 라덴 빌라로 요양을 떠났다가 7월 말에 바르샤바로 돌아왔고, 8월 9일에는 클라라, 소피아 그리고 동생 알렉산더와 함께 크라코프에 도착했다. 대회 개최지로 크라코프가 지명된 것은 정치적인 고려 때문이었다. 에스페란토 25주년을 기념하는 희년 대회를 러시아령 폴란드 어디선가 개최하는 것이 적합했는데 바르샤바가 가장 이상적이었으나 현실적으로 불가능했다. 왜냐하면, 비록 1912년 당시 유럽에서는 여권 없이 어느 나라나 여행할 수 있었지만 차르 체제의 러시아만 예외였고, 에스페란티스토들은 진보적이거나 이단적 견해를 가졌다는 이유로 러시아 입국이 금지되었기 때문이다. 또 러시아 내의 공공모임에는 검열이 필수였으므로, 대회에는 규정 상 최소 12명 이상의 에스페란토를 유창하게 구사하는 검열관이 필요했다. 독일 점령지 폴란드의 형편은 더 좋지 않았다. 여행의 통제는 없었지만 폴란드인들은 러시아 제국보다 훨씬 무자비하게 박해받고 있었고 폴란드어는 사석에서도 허용되지 않았고, 아이들이 폴란드어로 기도하면 채찍질을 받아야 했다. 폴란드인들은 농사짓기 위해 정착할 권리도, 집 지을 권리도 없었고 폴란드 농장은 몰수되어 독일인에게 넘어가기도 했다.

크라코프가 대회장으로 선택된 이유는 폴란드 도시이기도 하지만 사상적으로 비교적 관대했던 오스트리아령 폴란드에 속했기 때문이다. 그곳의 폴란드인들은 자신들의 문학과 예술을 향유할 수 있었고 대학까지 있었다. 폴란드 사회당은 합법적이었고 어느 정도의 자치권도 허용되고 있었다. 그리하여 희년 대회가 아름다운 폴란드 도시에서 열렸고 28개국에서 946명이 참석했다. 대회 기간 중 폴란드 전문 배우들이 그라보스키가 번역한 폴란드 낭만시 3부작 중 하나인 「마제파」를 공연하였다. 폴란드 국민 음악의 선구자 모니우즈코의 오페라 「할카」도 공연되었다. 무도회에 불가리아, 보헤미안, 백인, 중국, 독일, 헝가리, 인도, 폴란드, 러시아, 스페인, 터키 등 참가자들이 자기나라 민속 의상을 입고 참석하여 특히 즐거웠다. 자멘호프와 클라라는 비엘리츠카의 소금 광산을 방문해 미로 속에서 서너 시간을 보내기도 하고, 많은 대회 참가자들은 지하 400피트의 커다란 댄스홀에서 즐겁게 춤을 추었다.

크라코프 대회에서 자멘호프에게 개인적으로 가장 중요한 사건은 그의 사임이었다. 에스페란토 운동에서 차지하고 있는 지나친 비중이 그에게는 몹시 부담스러운 것이었다. 겸손하면 할수록, 협력자들에게 칭찬과 영예를 돌리려 하면 할수록, 더 많은 존경을 받았다. 그는 자신에게 행해지는 열렬한 경의를 부담스러워했고 에스페란토의 미래가 지나치게 한 개인에게 의존돼 있다는 점을 알고 있었다. 개인 숭배가 에스페란토 반대자들에게 빌미를 주고 있고, 에스페란티스토 내부에도 비록 적은 수이기는 하나 이를 불쾌하게 여기고 있다는 사실을 자멘호프는 알고 있었다. 기회 있을 때마다 그는 자신을 '마이스트로(대스승)'라고 부르지 말라고 당부했고 모든 중요한 결정은 자신이 아니라 민주적 조직에서 결정해야 함을 누누이 역설했다. 에스페란티스토들은 그를 사랑했고, 숭배했으며, 언제나 "만세!"라고 부를 준비가 되어 있었다. 그에 대한 에스페란티스토들의 애정은 상상을 초월할 만큼 굉장했다.

자멘호프는 8월 12일 월요일 오후 만석으로 가득 찬 대회장에서 마지막 연설을 했다. 앤트워프에서 보다 더 건강해 보였고 그의 목소리는 여느 때보다 더 강하고 또렸했다. 25주년 희년을 맞이하는 모든 에스페란티스토들에게 축하 인사를 전하고 그동안 이룩한 발전을 개괄하고 고인이 된 선구자들을 기리는 말을 한 후, 특히 지난 해 과로로 숨진 안델호프를 추모하면서 말을 이어갔다.

"이제 우리의 대의가 어느 정도 성숙해진 지금, 오래전부터 해오고 싶었으나 지금까지 미루어온 저의 요청을 여러분께 밝힐까 합니다. 이제 저는 지난 25년 동안 지켜온 자리에서 물러나고자 합니다. 나를 더 이상 마이스트로라고 부르지 마시고 그러한 명칭을 더 이상 제게 붙여서도 안 됩니다. 저는 우리 운동의 초기부터 에스페란토의 주인이 되길 원치 않았습니다. 에스페란토의 모든 권한을 에스페란티스토에게 넘겨 준다고 선언한 것도 여러분이 알고 있습니다. 아시다시피 저는 그때부터 항상 그 선언에 따라 행동해 왔고 적어도 행동하려고 노력했습니다. 나는 할 수 있는 모든 조언을 해왔고, 나로부터 "나는 이것을 요구한다" 또는 "이것이 내가 원하는 바다" 란 말을 들어 본 적이 없을 것입니다. 그러나 우리 운동이 충분히 성숙해질 때까지는 구심적 인물이 필요하다는 것을 알기에 지난 25년 동안 최선을 다해 그 역할을 해 왔고 제 자신 원하지 않음에도 불구하고 저를 지도자로 인정해 주신 여러분들의 호의에 부응해 왔습니다. 저는 여러분들이 보여주신 진실한 사랑과 신뢰에 감사와 기쁨과 자부심을 가지고 있습니다. 그러나 이제 제 임무를 내려놓고자 합니다. 이번 대회가 여러분 앞에서 저를 볼 수 있는 마지막 대회입니다. 제가 언젠가 다시 여러분을 찾을 수 있다면 여러분은 언제나 저를 여러분 가운데서 볼 수 있을 것입니다.”

장내는 슬픔에 잠긴 듯 숙연해졌다.

“종신적인 지도자의 존재는 그 지도자가 아무리 훌륭한 인물이라고 할지라도 우리의 사명을 달성하는 데 방해가 됩니다. 왜냐하면, 종신 지도자의 개인적 특성이 지나치게 두드러지면, 그의 정치적, 종교적 원칙을 지지하지 않는 사람들이 에스페란토의 반대자가 되기 때문입니다. 내가 개인적으로 말하거나 행동한 모든 것이 다 에스페란토와 연결되기 때문입니다. 여러분들이 제게 주신 그 과분한 칭호인 마이스트로는 사실 그 이름조차 제겐 과분합니다.”

“아니요, 그렇지 않소!” 하는 소리가 강당 안을 가득 메웠다. 자멘호프는 잠시 연설을 멈춘 후 계속하지 않으면 안 되었다.

“저를 믿으십시오. 저는 그 증거를 제시할 수도 있습니다. 에스페란토에 관해 나와 다른 의견을 가진 사람은 다른 사람들이 대스승으로 부르는 사람의 의견에 반대한다는 생각때문에 자기주장을 말하기를 꺼립니다. 만일 에스페란티스토들이 누군가의 견해를 받아 들이고 싶지 않다면, 그는 그것이 대스승의 영향력 때문이라고 생각합니다. 이제 우리의 대의가 어느 정도 튼튼해졌으므로 우리 조직은 모든 개인이 끼칠 수 있는 영향력으로부터도 완전히 자유로워야 합니다. 여러분 대다수가 비록 같은 형태는 아니지만 저와 유사한 이상을 마음 속에 깃고 있습니다. 그리하여 우리 사이의 정신적인 일치감은 전적으로 자발적인 것이며, 에스페란티스토들은 개인의 이상이나 야망에 따라 움직이지 않는다는 것을 전 세계에 널리 보입시다. 저는 여러분 각자가 말할 권리를 갖기를 바라고 있습니다. 지금까지 말씀드린 것이 저의 개인적 견해의 전부입니다. 이제 에스페란토 운동에서 저는 한 명의 회원으로 남고자 합니다."

자멘호프는 에스페란티스토들이 단합하고 민주적으로 활동하도록 격려했다. 자멘호프가 자리에 앉았을 때 박수는 끊이지 않고 계속되었다. 이후 모든 회의에서 자멘호프는 클라라와 함께 청중 속에 앉았다. 레오 볼몽트는 파토스와 유머가 섞인 연설을 통해 자멘호프의 사임은 '자멘호프의 잘못된 생각 중 하나'라고 말했다. 조직 문제는 여전히 해결되지 않았지만 다른 사안들은 대부분 해결되었고 크라코프 대회는 많은 성과를 거뒀다. 독일령과 러시아령에서 온 폴란드인들은 운이 좋은 오스트리아령 동포들로부터 용기를 얻었다.

바르샤바로 돌아가기 전 자멘호프는 멋진 산맥이 있는 자코페인에서 며칠간 휴식했다. 10월에 '이도' 잡지《라 프로그레소(진보)》지에는 자멘호프가 사임한 것은 중앙사무국이 자멘호프에게 반대하려 했고, 이들의 마키아벨리적 책략이 효력을 거두자 자기 힘만 믿던 자멘호프는 사임하지 않을 수 없게 되었다는 내용의 기사가 실렸다. 그러나 자멘호프는 이 엄청난 중상모략을 관대한 인내심으로 무시했다.

19장 번역가

자멘호프는 주로 잠자는 시간을 쪼개어 방대한 양의 문학작품을 번역했고 이것은 전문작가로서는 일생에 걸친 작업이라고 할 수 있다. 그의 작품은 하나같이 지적(知的)이었고 재치가 넘치고 때로는 아주 뛰어난 작품이었다. 1907년 자멘호프는 고골의 작품 『검찰관』을 에스페란토로 번역했는데, 문체가 간결하면서도 생동감이 넘치는 것이었다. 이 작품을 번역할 때 자멘호프가 부딪힌 한 가지 문제는 등장인물 중 한 명인 '오시프'란 인물에 관한 것인데, 그는 러시아 태생의 무식한 인물이라 저속한 말투를 쓰는 캐릭터였다. 자멘호프는 이 사람의 말을 문자 그대로 번역하기보다 코믹한 표현으로 잘못된 표현과 중복 접사를 사용해 번역했다.

구약성서의 전도서 첫 번역이 같은 해에 이루어졌다. 성서를 번역할 때 자멘호프는 히브리어 원본을 사용했지만, 의심스런 부분이 있을 경우 러시아어, 독일어, 라틴어 번역본을 참고했다. 1907년 4권의 장편소설이 번역되었다. 몰리에르의 『조르주 당뎅』, 괴테의 『타우리스 섬의 이피게니아』, 쉴러의 『군도(群盜)』, 성서의 「시편」이다. 몰리에르 작품을 번역할 때는 불어 원작을 바탕으로 번역해 원작에 충실했고 대화도 훌륭하게 번역했다. 이 작품은 1907년 마르세이유에서 열린 세계 대회에서 스페인 에스페란티스토 배우들로 구성된 극단에 의해 성공적으로 공연됐다. 번역 중 자멘호프에게 어려웠던 점은 당시 프랑스 구어체의 다양한 표현에 대응할 적절한 에스페란토 표현이 없는 것이었다. 따라서 '이런 제길! 같은 표현을 '악마같이!(diable!)로 번역해 다소 단조롭게 번역할 수밖에 없었다. 그러나 이후로 에스페란토는 장난스럽고 저속한 비속어들조차 상당히 보유하게 되었다.

『군도』는 『이피게니아』보다 번역이 수월했는데 일반적으로 산문이 시 번역보다 쉽기 때문이었다. 그러나 대작 『군도』는 볼륨도 큰 데다 폭력적이고 감정적인 언어표현에 대응하는 에스페란토 표현을 찾느라 신경을 많이 써야했다. 지나치리만큼 점잖고, 메조키즘에 가까울 정도로 겸손하며, 보통 사람을 뛰어넘는 자제력과 인내심을 지닌 자멘호프가 『군도』와 같은 격렬하고 인간 영혼의 어두운 점을 감각적으로 묘사한 격렬한 드라마에 매료된 것은 어쩌면 당연한 일일지도 모른다. 어린 시절 부친 마르쿠스에게 지나치게 훈육받던 아이가 폭풍처럼 쏟아지는 격렬한 대사에서 억눌린 분노나 가라앉은 슬픔의 배출구를 찾았을 수도 있을 것이다. 그가 번역하던 1905년은 러시아혁명기로 혁명 세력의 극단적인 비정함에 환멸을 느끼던 시대였다.

번역은 생동감 넘치고 힘차고 극적이었다. 가장 약한 점을 들라면 그것은 아마 운문이었을 것이다. 그러나 산문이나 대화는 대부분 아주 뛰어났고, 독일어의 거친 표현이나 많은 리듬적 요소도 화자에게 똑같은 감정 정도가 실리게 전달되었다. 자멘호프는 자주 에스페란토 특유의 접사체계를 사용하여 간결하고 정확하게 표현했다. 에스페란토 「시편」은 매우 아름다운데 이는 자멘호프의 뛰어난 리듬 감각이 반영된 덕분이다. 다음은 자멘호프의 최초 번역 중 「시편 121」편이다.

Al vi mi levas miajn okulojn, al la montoj
de kie venas al mi helpomia helpo venas de Dio
kiu kreis la ĉielon kaj la teron
Li ne lasos vian piedon falpuŝiĝi
via gardanto ne dormetas
Jen ne dormetas kaj ne dormas
la gardanto de Israelo
Dio estas via gardanto
Dio estas via ombro ĉe via dekstra mano
En la tago la suno vin ne frapos
nek la luno en la nokto
Dio vin gardos de ĉia malbono
gardas vian animon
Dio gardos vian eliron kaj eniron
De nun kaj eterne

내가 산을 향하여 눈을 들리라
나의 도움이 어디서 올꼬
나의 도움이 천지를 지으신 여호와에게서로다
여호와께서 너로 실족지 않게 하시며
너를 지키시는 자가 졸지 아니하시리로다
이스라엘을 지키시는 자는 졸지도 아니하고
주무시지도 아니하시리로다
여호와는 너를 지키시는 자라
여호와께서 네 우편에서 네 그늘이 되시나니
낮의 해가 너를 상치 아니하며
밤의 달도 너를 해치 아니하리로다
여호와께서 너를 지켜 모든 환난을 면케 하시며

또 네 영혼을 지키시리로다
여호와께서 너의 출입을
지금부터 영원까지 지키시리로다

『잠언』은 1909년에 번역되었다. 이 해에는 유대에 관한 또 다른 책 두 권이 번역되었으나 그의 사후에야 출판되었다. 하이네의 『바카라크의 랍비』는 중세 유대 생활을 그린 미완의 로맨스다. 다음은 솔롬 알레킴의 『김나지움』이다. 이 두 권은 그리 잘 알려지지 않았으나 유대인의 고립과 고통이 생생히 묘사된 작품이며 특히 전자에는 고통이 생생하게 묘사되었고, 후자에는 유대인이 지어야 했던 고통스러운 미소가 잘 나타나 있다. 특히 『김나지움』에는 제정 러시아에서 행해진 교육 억압에 대해 자멘호프가 주석을 달기도 했다. 그가 이 책 출판을 꺼린 것은 『김나지움』이 러시아어로 이미 출판되기도 했지만, 악랄한 반유대주의자들의 눈에 에스페란토가 훼손될 수 있다고 생각했기 때문이고 주제가 고통을 지나치게 전형적으로 묘사했기 때문이었다.

다음에 자멘호프는 폴란드의 유명한 여류작가 엘리자 오르제츠코와의 장편 소설을 번역했다. 그녀는 자멘호프가 가장 사랑한 지역 고르드뇨 출신으로 생애 대부분을 거기에서 보냈다. 그녀는 16세에 시베리아에 유배된 폴란드 귀족과 결혼했다. 그녀는 작품에서 여성 교육과 유대인 해방을 주장했다. 엘리자 오르제츠코와는 다른 많은 작가가 그랬던 것처럼 문학적 은유를 사용하여 폴란드 민족주의를 지지했다. 그녀는 문학적 경향이나 실제 생활에 견주어 폴란드의 '샤롯 브론테'로 불리곤 했다. 그녀는 스물 네 살 되던 해인 1866년부터 소설을 쓰기 시작했고 대중교육을 장려하기 위해 고르드뇨에 출판사를 차렸지만 당국의 압력으로 곧 폐업되었고 그녀의 활동조차 제한받았다.

자멘호프가 그녀의 작품에 감탄하고 그녀의 이상에 공감을 느낀 것은 놀라운 일이 아니었다. 그녀는 작품 『메이어 에조포비치』에서 정통 유대교와 현대의 자유주의적 유대주의의 갈등을 보여주고 있다.

　　자멘호프는 그녀의 작품 중 『마르타』를 번역하기로 하고 작가의 승인을 얻었다. 번역은 전체적으로 유려했고 특히 대화가 인간적이어서 심금을 울리는 작품이었다. 『마르타』는 마르타 스위카란 여인의 가슴 아픈 일생을 그린 작품이다. 폴란드 젊은 과부 마르타는 짧은 결혼생활에 이어 생계도 막연한 상태에서 어린 딸과 함께 홀로 과부가 된 가련한 여인이다. 사랑스럽고 지적이며 우아한 여인인 마르타의 영혼은 숭고했고 명예를 존중했으며 자기희생적인 여인이었다. 그녀는 어린 딸과 살아가기 위해 노력을 게을리하지 않았다. 그러나 사회가 남자에게는 모든 일에 개방적이었지만, 여자인 그녀가 궁핍의 상태에서 벗어나기 위해 배운 것을 써먹거나, 할 수 있는 일이 아무것도 없음을 알게 되었다. 점차 그녀는 자존심과 우아함과 고아한 원칙을 잃어갔고, 부당한 대우를 받았고 경멸과 육체의 고통을 경험한다. 그녀는 혼자 사는 여자가 특별한 훈련을 받지 않고 재산도 없이 일정 수준 이상의 생활을 유지할 유일한 방법은 정부(情婦)가 되는 길임을 알게 된다. 마르타는 자신과 아이가 굶어 죽느냐, 매춘부가 되느냐를 선택해야 하는 기로에 놓인다. 어떤 도움의 손길도 없고 그녀의 친구들도 그녀를 외면할 때, 그녀는 손님 돈을 훔치게 되고, 쫓기다가 교통사고로 죽는다. 모든 장애물과 맞서 싸우는 용감한 한 여인의 이야기이며 모든 억압과 비인간화에 저항한 이야기로, 여주인공이 용감하게 대항했음에도 어쩔 수 없이 가련한 지경에 빠져버린 이 이야기는 자멘호프에게 많은 감동을 주었다. 이 책을 읽은 독자라면 자멘호프가 분명 애정을 담아 번역한 작품임을 느낄 수 있을 것이다.

자멘호프는 이 번역 작품을 엘리자 오르제츠코와가 죽기 며칠 전에 헌정했다. 이 번역 작품은 많은 반향을 불러일으켰는데 스웨덴에서는 많은 관심과 함께 여성 페미니즘을 자극했고 중국으로 건너가 두 번이나 중국어로 번역되었다. 또 일본에서는 당시 초기 단계였던 일본 여성해방운동을 위한 모티브가 되었다. 이는 에스페란토가 '가교 언어'로 기능한 첫 사례 중 하나로, 이후 특히 극동 및 중앙 유럽 국가들 사이에서 에스페란토는 종종 이런 역할을 수행했다.

같은 해 자멘호프는 그의 아버지가 소장하고 있던 에스페란토 속담 모음집 〈Provervaro(속담집)〉을 출판했다. 1911년에는 창세기를, 1912년에는 출애굽기와 레위기를 번역했다. 또 올바른 에스페란토 사용에 관한 여러 질문과 대답을 다룬 〈Lingvaj Respondoj(언어문답집)〉을 출판했는데, 이 책은 전문가 수준의 에스페란티스토 뿐 아니라 초보 학습자에게도 다양한 도움을 주는 책이다. 1914년 자멘호프 생애의 마지막 성서번역인 〈민수기〉와 〈신명기〉가 출간되었다. 그후 자멘호프는 1차 세계대전 중에도 번역 작업을 계속했고 틈틈이 번역된 원고를 영국 에스페란토 성서위원회에 보냈다. 이 위원회는 1909년 영국 리드에서 열린 에스페란토 대회가 조직한 단체로 에스페란토로 성서 전체를 한권으로 번역 출판하는 작업을 진행 중이었다.

자멘호프는 구약성서 완역에 성공했고 존 키프라이언 러스프와 위크릴은 신약성서를 번역하여 1912년 완성했다. 그리하여 수정을 여러 번 거친 후 한 권의 에스페란토 성서가 1926년 출판되어 그해 세계대회 기간 중에 에딘버러의 성 가일스 성당에서 열린 예배에서 봉헌되었다. 영국 성서공회와 스코틀랜드 성서협회의 후원으로 출판된 이 성경은 자멘호프가 번역한 구약성경 그대로는 아니고 추후 성서학자들로 구성된 심의위원회에서 세밀한 검토를 거쳐 수정된 것이다. 심의 과정에서 자멘호프가 번역한 구약은 히브리어 원어에 더 충실하여 큰 존경을 받았고 그가 사용한 히브리어 원본의 강세와 어순 패턴을 그대로 유지하여 영어 번역본보다 훨씬 원문에 가깝고 충실했다.

자멘호프는 안데르센 동화도 번역했는데 원본 언어인 덴마크어를 몰라 독일어판을 보고 번역하는 어려움이 있었지만 그의 풍부한 창의성과 어린이를 사랑하는 마음이 잘 나타났다. 이 놀랍도록 활동적인 정신적 창조 작업에서 가장 큰 업적은 물론 언어 그 자체였다. 그의 후속 저술은 대개 훌륭한 번역서, 다양한 문법책과 사전, 의회 연설과 기타 대중 연설, 방대한 양의 서신 등으로 구성된다.

감상적이지 않으면서 낭만적이고, 통제되지 않으면서도 감성적인 자멘호프의 창조적 특성은 그의 강점의 중요한 부분이었다. 이로써 에스페란토가 세상에 공개되기 전까지 지속적으로 시험한 결과, 에스페란토는 상상력이 풍부한 시와 산문을 위한 가장 만족스러운 언어로 탄생한 것이다. 이로써 에스페란토가 시에서도 손색이 없다는 것이 밝혀졌다. 새로운 언어로 시를 쓴다는 것은 참고 모델이 없어 힘들었지만 적어도 아홉 편의 시는 최소 간략하게나마 살펴볼 가치가 있다. 에스페란토 운율의 학술적 연구는 가스통 워링겐이 주도했다. 그 규칙은 에스페란토에서는 마지막 음절에 강세를 두되, 강약 격이나 단장단 형이 분명할 때는 변화한다는 것이다. 약강 격은 단음절이나 명사의 마지막 [O] 발음에서 한 음절이 생략될 때에만 표출된다. 자멘호프의 시는 2편은 강약 격, 4편은 단장단 형, 2편은 약강 격, 1편은 혼합된 형태를 띠고 있다. 그의 시는 대체로 규칙적이며, 마지막 시를 제외하면 모호한 은유보다 간단한 유사어로 이루어졌다.

Eĉ guto malgranda, konstante frapante
Traboras la monton granitan.
끝없이 떨어지는 작은 물방울 하나
화강암 산에 구멍을 뚫는다

Se longa sekeco aŭ ventoj subitaj
Velkantajn foliojn deŝiras,
Ni dankas la venton, kaj, repurigitaj,
Ni fortojn pli freŝajn akiras.
오랜 가뭄이나 갑작스런운 바람이
시든 나뭇잎을 찢으면
바람에 감사하고, 다시 깨끗해져
새 힘을 얻네

자멘호프의 창작시로 가장 잘 알려진 「희망(La Espero)」은
전통적인 세계대회나 그 외 공식적 자리에서 항상 불려지는 에
스페란토 찬가다. 품위있는 언어로 에스페란토 정신을 명확히
표현하고 정서적인 감흥을 불러일으켜 노래 부르기에 아주 적
당한 형태를 띠고 있다. 「길(La Vojo)」은 제2의 에스페란토 찬
가라고 할 수 있는데 단-장-단 형으로 영어 사용자에게 더욱
인기 있으며 유쾌한 민담 속의 지혜를 담고 있다. 그의 세 번째
시 『형제에게(Al la fratoj)』는 그의 시 가운데 다소 떨어지는
작품이다. 1889년 《La Esperanto》에 실린 것으로 편집자가 급
히 요청하는 바람에 서둘러 쓴 탓이었다. 운율 면에서 볼 때 다
소 조악한 감이 없지 않은데 내용에 어울리지 않는 어색한 운
으로 이루어졌다. 반면에 「나의 생각(Mia penso)」은 다소 무
거운 내용이다. 희망을 노래하는 한 소녀의 노래를 듣고 있던
화자(話者)가 문득 자신의 기묘한 삶과 희생, 그리고 젊음을 떠

올리는 감동적 가사를 담고 있다.

「녹색기 아래서의 기도」는 찬가로서는 훌륭한 편이 아니다. 다만 조지 허버트나 존 단에 비교될 만한 것은 아니라도 휘터나 코우퍼에는 견줄 만한 작품으로 진지하고 긴박함, 그리고 내밀하고 조용한 힘을 지니고 있다. 1909년 「비(Pluvo)」라는 제목의 시가 〈Tutmonda Espero(세계의 희망)〉이라는 카탈루니아 에스페란토 잡지에 실렸는데, 이 시는 에스페란티스토를 격려하거나 신념을 노래한 것이 아닌 순수한 시다.

PLUVO 비

Pluvas kaj pluvas kaj pluvas kaj pluvas
비가 내리고 또 내리고 계속해 내리네
Senĉese, senfine senhalte,
끊임없이, 무한히, 멈추지 않고
El ĉielo al la ter `el aer' al la ter'
하늘에서 땅으로, 공중에서 땅으로
Are gutoj frapiĝas resalte.
물방울 튀올라 되돌아치네

Tra la sonoj de l' pluvo al mia orelo
그 빗소리 통해
Murmurado penetras mistera,
내 귀에 신비로운 무언가 스며드나니
Mi revante aŭskultas,
나는 꿈꾸듯 듣고 있네
mi volus kompreni Kion diras la voĉo aera.

내 귀에 속삭이는 그 목소리를
Kvazaŭ ia sopir' en la voĉo kaŝiĝas
마치 목소리 속에 어떤 그리움 숨어
Kaj aŭdigas per ĝi rememoro .. . .
기억을 통해 자신을 드러내고
Kaj per sento plej stranga, malĝoja kaj ĝoja
이상하고 슬프고 기쁜 감정이
En mi batas konfuze la koro.
내 마음속에서 혼란스럽게 뛰노네

Ĉu la nuboj pasintaj, jam ofte viditaj
지나간 날들, 이미 자주 본 날들이
Rememore en mi reviviĝis,
내 기억 속에서 되살아나는 걸까,
Aŭ mi revas pri l' sun', kiu baldaŭ aperos,
아니면 비록 구름속에 숨고 있지만
Kvankam ĝi en la nuboj kaŝiĝas?
곧 나타날 해를 꿈꾸는 것일까,

Mi ne volas esplori la senton misteran,
신비한 느낌 탐구하고 싶지 않고
Mi nur revas, mi ĝuas, mi spiras;
난 단지 꿈꾸고, 즐기고, 숨 쉴뿐
Ion freŝan mi sentas, la freŝo min logas
날 유혹하는 신선한 무언가 느끼며
Al la freŝo la koro min tiras.
내 마음 그 신선함에 끌리네

자멘호프는 바르샤바 거리를 적시는 비를 생각하고 있을 뿐
만 아니라, 자신의 내적 경험 속 무언가를 생각하고 있는데 그
모호함이 감동적이고 해결되지 않은 채 남겨져 더 예술적 느낌
을 준다.

20장 자식들 사이의 아버지

자멘호프는 사소한 것이라도 타인에게 기쁨을 줄 수 있는 것이면 기꺼이 베풀 줄 아는 다정다감한 인물이었다. 친구들이나 에스페란토 협회에 몇 줄의 짧막한 전보를 칠 때도 유모와 섬세한 멋이 묻어났고, 협회를 격려하거나 에스페란티스토들에게 감사의 뜻을 드러내는 수백 장의 엽서는 비록 서둘러 쓴 필체가 아름답지 않아도 거의 항상 진정과 정성이 담겨 있었다.

초창기 에스페란티스토들은 에스페란토 상징인 녹색 별, 녹색 깃발, 에스페란토 찬가들을 과도하게 사용해 눈초리를 받기도 했지만 운동의 측면에서 나름의 기능을 가지고 있었다. 자멘호프가 에스페란토 운동의 지도자 자리를 포기한 것은 인류인주의에 더 집중하기 위해서였다. 『Homaranismo(인류인주의)』 소책자가 1913년 마드리드에서 그의 이름으로 출판되었다. 이책은 그의 이전 출판물의 내용에서 크게 벗어나지 않으나 개인적 종교라는 주제에 대해 좀 더 자세히 언급하고 있다.

"물질적, 도덕적 세계의 원인이 되는 가장 높고, 나로선 이해할 수 없는 그 힘을 나는 '신(神)'이라 부른다. 인간은 이성에 따르든 감정에 따르든, 아니면 교회에서 가르침을 받은 대로든, 그 힘의 이름을 결정한다. 그 신에 관한 믿음이 나와 다르다는 이유로 그 누구도 미워하거나 박해해서는 안 된다. 모든 종교의 본질은 모든 인간의 마음 속에 양심이라는 형태로 존재하며, 모든 인간에게 지워진 의무이자 중요한 원칙은 '다른 사람이 내게 행동하기를 바라는 대로 타인에게 행하라' 는 것이다. 종교의 다른 모든 부분은 개인의 신념에 따라 신의 말씀으로 여겨지거나, 다양한 민족의 위대한 선생들이 인류에게 전한 교훈으로 간주된다. 만약 현존하는 종교 중 어느 것도 믿지 않는다면, 단지 태어난 국가나 인종적 이유만으로 특정 종교에 머물러선 안 되며, 자신을 공식적으로 ''자유로운 사고인' 으로 부를 수 있다. 이는 무신론이 아니며, 신앙의 완전한 자유를 의미한다."

요즘의 사고방식에 따르면 자멘호프의 생각은 모호하고 정확하지 않은 것처럼 여겨질 수 있으나 겸손한 자세로 그 의미를 생각해 볼 가치가 있다. 인류인주의에 따라 산다는 것은 대부분 사람들의 윤리적 기준보다 훨씬 높아야 함을 의미한다. 자멘호프가 원하는대로 살면 영적 성장을 방해하는 두 가지 큰 요소, 즉 무의미한 일상과 안일한 자기기만으로부터 상대적으로 자유로울 수 있다.

자멘호프는 스위스에서 개최할 또 다른 대회와 관련해 세베르와 의논했는데, 처음에는 제네바로, 나중에는 베르네로 결정되었다. 자멘호프는 인류인주의를 논의하기 위한 대회를 열고 싶어했다. 부르레와도 이 문제에 대해 논의했는데, 그는 프랑스에서 그런 회의를 개최하는 것을 권하지 않았다. 실제로 하셰트사는 후에 마드리드에서 출판된 인류인주의 책자의 인쇄를 거절했고, 1913년 6월이 되자 자멘호프는 인류인주의를 더 이상 선전할 시기가 아직 무르익지 않았다고 판단했다. 한때 자멘호프가 전 세계 주요신문에 보내려 했던 편지 한 통에서 그의 심리적 통찰력과 정신세계의 독자성을 엿볼 수 있다.

"진심으로 자기들의 종교가 유일한 참된 신의 종교라고 믿는 사람들에 대해서 우리는 말할 수 없습니다. 누구도 강제로 믿음을 바꾸라고 할 수 없으며, 또 바꾸라고 하기를 원하지도 않습니다. 게다가 이런 사람들은 인류의 분열에 대해 전혀 고통받지 않습니다. 자신들만 참된 신을 믿는다는 행복한 인식은 고통조차도 풍부하게 보상해 주기 때문입니다. 그러나 지금 많은 사람들이 오래전에 특정 교회의 교리를 믿지 않고, 개인적인 믿음으로 구별되는 것도 아니며 따라서 종교가 그들을 분리해선 안 되는데도, 종교는 이런 사람들까지도 신자들 못지않게 분열시킵니다! 그 이유는 다음과 같습니다.

'대부분의 사람들은 자신의 삶을 위해 외부 규칙에 대한 복종이 필요합니다. 그렇지 않으면 허공에 떠있는 듯 불안감에 휩싸일 수 있습니다. 이 규칙은 단순한 윤리 뿐 아니라, 삶의 가장 엄숙한 순간인 죽음에 대한 일종의 관습이나 축제, 의례같은 전통적인 틀까지 포함합니다. 그리고 이러한 것들은 대부분 특정 종교 공동체에 속해 있을 때만 충족됩니다. 하지만 종교를 바꾸려면 교리를 받아들여야 하는데, 믿지 않는 사람은 교리를 받아들일 수 없기 때문에 거짓말을 하기 싫어 태어날 때부터 속해 있던 종교에 머무르게 됩니다. 이것은 필연적으로 위선자가 되는 결과를 낳고, 이러한 위선은 자녀 양육 과정에서 가장 괴로운 형태로 나타납니다. 자녀들은 아버지가 말과 행동이 일치하지 않고, 신이 금하신 일을 하는 것을 보고 혼란과 불안을 느낄 수 있습니다. 또한, 서로 다른 종교에 속해 있다는 것과 생활 방식의 차이, 그리고 태어난 배경의 차이로 인해 언제나 서로 다른 종교를 믿는 사람들 사이에는 벽이 존재합니다. 물론, 어떤 이들은 용기있게 출생 종교를 탈퇴하고 무신론자가 될 수도 있습니다. 하지만 이 역시 쉽지 않은 선택입니다. 모든 종교적 관습과 축제를 거부하고 외부 규칙에 따르지 않으려고 하면 삶이 너무나 평범하고 무미건조해질 수 있습니다. 이 역시 자녀교육에서 어려움을 겪을 수 있는데 왜냐하면, 아이들은 추상적인 이론만으로는 교육이 되지 않기 때문입니다. 종교를 갖지 않는 이들의 아이들은 따뜻한 마음과 행복을 모르게 됩니다. 이런 것들은 교회나 전통적 관례 등이 신의 이름으로 인간에게 부여하는 것입니다. 종교를 갖지 않은 아이들은 행복한 얼굴로 교회에서 마련한 축제에 가는 아이들을 보면서 아버지에게 묻습니다. '왜 우리에겐 종교가, 교회가 없어요?' 그러면 '신은 존재하지 않고 따라서 교회에 갈 필요가 없다'고 답하게 됩니다. 종교를 갖지 않는 것만으로는 종교가 만들어 놓은 울타리에서 벗어날 수 없습니다. 종교 유무에 상관없이 삶의 방향성과 의미를 찾는 것은 인간의 본능이며, 각각의 선택에는 장점과 단점이 함께 존재합니다. 중요한 것은 우리가 스스로 믿음과 가치관을 확립하고, 그에 맞는 삶의 방식을 택함으로써 평안과 행복을 추구하는 것입니다.'

실제 러시아 제국에서 가장 두드러진 차이인 의상이나 휴일, 식습관 같은 것들은 서유럽에서는 상대적으로 덜 중요하지만, 인간 감정에 대한 자멘호프의 통찰력은 여전히 가치가 있다.

자멘호프는 베른 대회에 참석시키려고 아홉 살 난 딸 리디아에게 단기간에 에스페란토를 가르쳤다. 귀엽고 명랑한 소녀 리디아는 아빠가 서재에 너무 오래 머물고 있다고 생각되면 슬그머니 들어가 "아빠, 나랑 공놀이 해요!" 하곤 했던 장난꾸러기 아이였고 그때마다 아빠는 잠시나마 딸과 유쾌하게 놀아주곤 했다. 저녁 시간 마지막 환자가 돌아가고 나면 리디아는 아버지께 온 편지를 가져다 드렸다. 자멘호프의 50번째 생일을 축하하는 자리에서 그라보스키, 벨몬트, 카베 등이 에스페란토로 간단한 축사를 하는 자리에서 어머니 옆에 조용히 듣고 있던 리디아가 "무슨 말을 하는지 하나도 모르겠네!" 하고 외치더니 방을 나가버렸다. 이 모습이 모두에게 웃음을 자아냈다. 어린 리디아는 말 많고 장난꾸러기였지만 아버지를 무척이나 사랑했다. 아버지는 언제나 질문에 자상히 답해 주었는데 특히 산수 숙제 때면 항상 아버지를 찾아가 도움을 받곤 했다. 드물게 아빠가 리디아를 꾸짖을 때면 언니, 엄마의 심한 꾸중보다 아버지의 인내심 있고 이성적인 질책에 더 큰 감동을 받아 눈물을 흘렸다. 리디아의 고양이가 쥐를 처음으로 잡았을 때 리디아가 아버지께 달려가 열심히 자랑했다. "리디아야, 쥐도 살고 싶어 한다고 생각하지 않니?" 라는 아버지의 반응에 실망했지만 그것도 아빠교육 방식의 일환이었다.

이처럼 세계와 인간을 향한 사랑을 어린 소녀는 학교도 가기 전에 이미 양친에게서 배웠다. 학교에서 다른 아이들이 자기 부모들 하는대로 유태인 아이들을 깔보며 "마늘 냄새... 더러운 유대인..." 같은 귓소리를 주고받는 것을 듣고는 집으로 달려와 아버지 목을 꼭 끌어안았다. "나도 유대인인데... 아버지는 돼지고기를 먹고...기도하러 아름다운 바르샤바 교회도 가지 않는데... 리디아는 스스로 답을 찾는 데 오랜 시간이 걸렸다.

1913년 아담과 소피아는 로잔에서 공부 중이라 베른 대회에 참석하기 쉬웠다. 물론 대회에서 동생 리디아를 다시 보고 싶었다. 하지만 리디아는 'Bonan Nokton!(안녕히 주무세요!)' 와 'ĉokolado(초코렛)' 정도 밖에 에스페란토를 배우려 들지 않았다. 에스페란토를 모르는 아이를 대회에 데리고 가는 것은 귀찮은 일이었을 뿐 아니라 나쁜 본보기가 될 수도 있었다. 하지만 리디아를 집에 혼자 두고 가기엔 너무 어렸다. 클라라는 휴가를 함께 지내려면 에스페란토를 배워야 한다고 설득했고 리디아는

6주 동안 진지하게 배워 어느 정도 괜찮은 수준에 이르렀다.

대회 전, 가족은 독일의 휴양지 바트 노이엔아어에서 시간을 보냈다. 그곳에서 머무는 동안 타이타닉호의 재난으로 스테드가 죽었다는 부음을 받았다. 슬픔도 잠시 이번엔 파리에서 칼 불렛의 사망소식이 들려왔다. 용감하고 재치 있고 총명한 불렛은 다른 친구들의 배신과 논쟁, 질투에도 불구하고 늘 충성스러운 친구였다. 얼마 전 생선 뼈를 삼켜 목에 농양이 생기고 수술에 실패한 끝에 8월 12일, 불과 47세의 나이로 세상을 떠났다. 8월 1일 자멘호프는 파리에 도착해 자신의 최측근을 잃은 세베르 장군을 위로하고 마지막 조의를 표했다. 다음 날 몽트리게 묘지로 꽃이 가득 덮힌 관을 옮기며 자멘호프는 슬픔이 가득한 애도의 연설을 했다.

"파리에서 그가 만든 모임은 훌륭하게 조직되고 열성적인 활동으로 오래지 않아 유럽의 모범이 되었습니다. 그는 자기 고장과 나라뿐 아니라 도움이 필요한 곳이면 어디서든 일했습니다. 세베르의 한쪽 팔이기도 했던 블렛은 언제나 일할 준비가 되어 있던 사람입니다. 길게 애기하지 않아도 모든 에스페란티스토는 그가 이룩한 공적을 잘 알고 있으며 오히려 그에 대해 감사가 너무 늦었습니다. 블렛의 부인과 자녀에게 제가 할 수 있는 말은 우리는 그를 결코 잊지 않으리라는 것입니다. 수의에 싸인 우리의 동지 앞에서 마지막 인사를 하며 더욱 헌신할 것을 다짐합니다. 오, 우리의 소중한 친구이자 동지여, 나의 마지막 작별을 받아 들이고 나를 통해 당신이 그렇게 열심히 그리고 헌신적으로 일했던 우리 대의의 마지막 작별을 받아들이십시오."

자멘호프는 8월 23일까지 바트 노이엔아어에 머물렀다가 다음 날 베른에 도착했다. 이 대회에서는 자멘호프의 공적을 기리며 금메달을 수여했다. 대회 참가자들이 열렬한 박수를 보냈지만 자멘호프는 감사의 인사를 전한 뒤 이렇게만 말했다.

"에스페란토가 성공하려면 한 개인이나 한 집단에 의존하지 말아야 합니다. 사람은 바뀔 수 있으나 모든 민족을 공동 이해의 유대로 연결하는 국제어의 목표는 인류의 이익을 실현할 때까지 계속되어야 합니다."

개회 연설은 소쉬르가 했으며, 대회는 회원 1,015명이 참가한 가운데 그 어느 때보다도 상호협력적인 분위기에서 진행되었다. 아마도 자멘호프의 사임이 사소한 질투를 느낀 이들을 부끄럽게 했을 것이다. 자멘호프는 베른 대회 동안 그를 기리기 위한 축하 모임을 여러 차례 극구 사양했다. 베른 대회 직전 바트 노이엔아어를 방문해 자멘호프를 만난 바 있던 평론가이자 저널리스트 막스 뷰틴이 자멘호프의 평소 태도를 가장 정확히 관찰한 듯했다. 자멘호프는 역에서 스물다섯 살 청년을 만나 정중히 맞이하고 함께 숲속을 산책했다. 구불구불한 길을 따라 걷는 동안 뷰틴은 자멘호프와의 대화를 기록하다가 연필을 떨어뜨려 연필이 땅에 굴렀다. 자멘호프가 즉시 뛰어가 연필을 집어주었다. 뷰틴이 몸도 아프신데 그러지 마시라고 하자 자멘호프는 "우리 모두 형제가 아닌가" 하고 온화한 미소를 지었다.

자멘호프는 8월 말까지 가족과 함께 베르네에 머물다 9월 초 바르샤바로 돌아왔다. 불렛이 죽자 하셰트는 에스페란토에 대한 관심을 잃고 성서와 기타 잡지, 서적의 출간을 중단했다. 하셰트가 지금껏 자멘호프 서적을 독점 출판해 온 것에 불만이 있던 카르트가 이제 자신이 소유한 인쇄협회가 출판 독점권을 얻으려 했다. 자멘호프는 이를 정중히 거절했다.

"내가 지난 10여 년 동안 걱정 없이 살 수 있었고 건강 회복을 위해 매년 5, 6주씩 휴양할 수 있었던 것은 하셰트로부터 받은 수입이 있었기 때문이었습니다. 이제 하셰트가 더 이상 내 작품을 출판하려 하지 않는다면 저는 적자를 메우기 위해 여름 휴가를 포기하거나 환자를 더 보는 등 다른 방법을 찾아야 합니다, 그러나 이미 체력이 많이 고갈되었고, 힘들게 일하고 있기 때문에, 성서 번역 작업을 계속하려면 돈을 마련할 다른 방법을 찾아야 합니다. 자체적으로 열악한 재정상태인 '인쇄 협회'가 그것을 제공할 수 있는지, 저는 의문입니다."

자멘호프는 많은 문제를 해결해야 했지만 슬픔도 많았다, 여러 명의 소중한 동료들이 세상을 떠났고 일본 에스페란토 운동은 극심하게 탄압받아 여러 명의 일본 에스페란티스토들이 무정부주의자라는 명목으로 교수형에 처해졌다. 헝가리에서는 불온하다는 이유로 한 그룹이 집회를 금지당했고, 이에 항의하는 기사를 싣자 경찰 당국은 고용주가 모르는 말을 노동자에게 가르치는 것은 불법이라고 밝혔다. 무지한 사람들이나 고의로 방해하려는 이들이 터무니없이 오해했다. 그러나 에스페란토는 물론 인류인주의에 대한 일반적 전망은 조금씩 나아졌다. 좀 더 많은 나라에서 에스페란토를 배울 수 있게 되었고, 교육계나 전문 분야에서는 더 많이 인정받았으며 매년 개최하는 세계대회는 더 많은 사람들이 참가하는 주요행사가 되었다. 에스페란토가 국가 간의 상호 부조와 전쟁의 종식에 이바지할 수 있다는 사실을 25년 만에 입증한 셈이었다.

1914년 초 자멘호프는 세베르에게 다음과 같은 편지를 보냈다.

"지난 한해는 우리에게 참으로 불행한 한 해였습니다. 그러나 우리는 절망할 이유가 없습니다. 매우 큰 손실에도 불구하고 우리의 대의는 조용히 제 길을 가고 있다는 사실이 우리를 위로합니다. 우리의 대의는 더 이상 사람이나 상황에 달려있지 않습니다. 또한 우리 안에 소수의 사람들이 끊임없이 공격한다 해서 두려워할 필요도 없습니다. 왜냐하면 여러분은 이미 오래 전에 대다수 에스페란티스토들이 이런 공격에 흔들리지 않았다는 걸 알았기 때문입니다. 내부의 갈등은 거의 대부분 파리에 국한된 문제일 뿐이고 나는 거기서도 조만간 모든 것이 잘 될 것으로 희망합니다. 물론 현재 우리의 대의가 엄청난 진전을 이루고 있지는 않습니다. 하지만 활발히 진행되고 있고 그것만으로 충분합니다. 조만간 우리의 적들은 지칠 것이고 우리의 대의는 새롭게 꽃을 피울 것입니다. 일하고 또 희망을 가집시다...."

구약성서를 번역하느라 밤늦은 시간에도 타자기는 덜걱거렸고 리디아는 전 세계로부터 온 우편물을 매일 저녁 아버지께 갖다 드렸다. 그러나 발칸 반도는 여전히 화약고인 상태로 남아 있었다.

21장 비탄

파리에서 열린 제10차 대회 준비는 순조롭게 진행되었다. 50여 개 국에서 회원 3,739명이 참가 신청을 등록해 역대 신기록을 세웠고 대회장으로 고몽 궁전을 빌렸다. 대규모 여행단이 조직되었고, 대회 후에는 흥미진진한 관광 프로그램이 계획됐다. 자멘호프가 번역한 『조르주 당뎅』과 찰스 리웨의 〈소크라테스의 죽음〉 공연이 예정되었다. 대회는 1914년 8월 2일에 시작될 예정이었다. 7월 27일 자멘호프는 카르트에게 편지를 보냈다.

"파리에 머무는 동안 저는 육체적으로, 정신적으로 너무 힘들어 여러 곳의 방문 계획을 최대한 줄이려 생각합니다. 그러나 아내와 함께 시각장애인들만은 기꺼이 방문하고 싶으니 때가 되면 제게 일정을 주시기 바랍니다."

한편 자멘호프는 8월 12일에서 14일에 거쳐 대회에서 인류인주의에 관한 모임을 갖으려 계획 중이었다. 새로 창립된 유대인 에스페란토 연맹이 주관하는 모임에서 그를 초대하자 그는 다음과 같은 이유로 거절했다.

"저는 모든 민족주의는 한결같이 인류에게 불행을 가져다 준다고 생각합니다. 모든 인간의 목적은 인류의 형제애를 이루는 것이어야 한다고 확신합니다. 피압박 민족의 민족주의는 자기방어의 자연스러운 반응으로, 억압하는 민족의 그것보다는 훨씬 더 용서받을 수 있는 것은 사실입니다. 그러나 강자의 민족주의가 비천하다면 약자의 민족주의는 비합리적입니다. 이것들은 모두 악순환을 하게 되는데, 우리 모두가 집단이기주의를 희생하고 중립적 입장에 서지 않는다면, 인류는 결코 이 악순환으로부터 벗어날 수 없습니다. 이것이 내가 내 민족의 가슴 아픈 고통에도 불구하고 유대 민족주의와 연계되길 원치 않고 오직 인류의 절대적 정의를 위해 일하고자 하는 이유입니다. 그렇게 하는 것이 민족주의적 노력보다 불행한 내 민족을 위해 더 많은 선을 행할 수 있다고 나는 확신합니다."

자멘호프가 옳았다는 증거는 머지않아 입증되었다. 6월 28일 사라예보에서 총성이 울렸고 오스트리아-헝가리에서 분노의 불이 붙었고 외교라는 기계의 거대한 바퀴가 더 빠른 속도로 회전하기 시작했다. 기계가 통제불능 상태가 되자 음울한 콧노래가 포효로 바뀌었다. 7월 23일 오스트리아는 세르비아에 최후통첩을 보냈고 수천만의 목숨이 달린 편지와 전보들이 외교가에서 빈번히 교환되었다.

7월 28일, 자멘호프는 클라라, 휄릭스와 함께 바르샤바를 출발해 베를린에 도착했다. 제10차 파리대회에 참석하기 전에 베를린에서 조카 줄리앙 네이렐을 방문한 후 파리로 이동하려 했는데 휄릭스가 다리를 다쳐 출발이 지연되었다. 8월 1일 자멘호프와 클라라는 콜로그네에 머물렀는데 오스트리아가 그 전날 세르비아에 선전포고를 하는 바람에 자멘호프 일행은 타국에서 적국에 있는 신세가 되었다.

자멘호프는 계획대로 대회가 평화롭게 개최되고 전쟁이 빠른 시간 내에 끝나기를 바랐다. 그러나 그의 주변 곳곳에서 국가적 증오가 치솟고 있다는 것이 마주치는 관리와 승객들의 태도를 통해 곧 명백해졌다. 자멘호프와 클라라는 가능한 한 빨리 국경에 도착하려 했지만 옴짝달싹 못하게 갇혀 버렸다. 평생의 희생과 헌신, 피나는 노력은 아무 소용이 없었다. 녹색 별 아래서 이룩한 선의와 관용, 문명의 작은 성취들이 전쟁이란 정신병이 유럽을 장악하면서 취소되어야 했고, 그가 사랑했던 인간은 끔찍하고 부질없는 고통에 시달리고 있었다. 독일 곳곳이 인간 살육의 장소로 변해가고 있었고, 식구들과 마지막 작별을 고하는 기차역, 인간의 공포와 비참함, 증오로 가득 찬 시끄러운 열차 안에서 자멘호프는 따뜻하고 인내심 있는 위대한 마음이 부숴져 내렸다. 그것이 그의 긴 죽음의 시작이었다.

군인과 군용 트럭들이 바삐 움직이는 사이에도 자멘호프 옆에 여전히 클라라가 있었다. 집으로 돌아가는 내내 그녀가 남편을 도왔다. 바르샤바에 있는 식구에게 편지나 전보를 치는 것은 불가능했다. 콜로그네에서 짐을 잃어버린 자멘호프 일행은 독일, 덴마크, 스웨덴, 핀란드를 거쳐 귀국하는 악몽같은 여정을 14일 동안 이어가야 했다. 앉을 자리 없는 빽빽한 기차에서 음식도 충분치 못한 상태로 견뎌야 했다. 8월 중순에 그들은 바르샤바에 도착하여 그나마 폴란드가 무사한 것을 기뻐했다. 전쟁이 시작된 지 4주가 지났지만 자멘호프는 휄릭스의 소식을 알 길이 없었으므로 덴마크 마르오레트 놀을 통해서 필사적으로 찾아보려고 애썼다. 당시 에스페란토로는 외국과 서신 왕래를 할 수 없었으므로, 자멘호프는 독일어나 프랑스어를 사용해야 했다. 휄릭스는 결국 상트페테르부르크를 거쳐 바르샤바로 돌아왔고, 잃어버린 짐은 마르그레테 놀이 백방으로 알아봤지만 찾을 수 없었다.

자멘호프 가족은 다행히 큰 어려움을 겪지 않고 독일을 벗어났다. 수많은 에스페란티스토들도 불편한 여정 끝에 무사히 고향에 되돌아갈 수 있었다. 자멘호프와 클라라는 군사 노역에 적당치 않았으므로 구금을 피할 수 있었을 것이고, 아니면 그의 국제적 명성이 그를 보호했을 수도 있다. 한동안 그가 기차에서 내려 포로수용소로 보내졌다는 소문이 돌았지만 사실이 아니었다. 서로 적대적 국적을 가진 에스페란티스토들이 서로를 도와 고향으로 돌아가는 경우가 꽤 많았다.

이러한 상황에서 제10차 대회가 열렸다. 몇몇 에스페란티스토들이 대회장 고몽 궁전으로 향했고 거기서 산더미같은 업무에 파묻힌 샤베를 호출한 후 최대한 많은 에스페란티스토들을 긁어 모아 즉석대회를 연 것이었다. 감격에 겨워 가브리엘 샤베는 결국 열리지 못한 대회의 개막 연설을 했다. 한 영국의 에스페란티스토가 전쟁이 끝나면 에든버러에서 대회를 열자고 제안했다. 세계 에스페란토 협회(UEA)는 전쟁으로 발이 묶여버린 불행한 에스페란티스토들을 돕기 위해 즉시 활동을 시작했다. 10월까지 그들은 전쟁으로 헤어진 가족들을 재결합시키는 데 상당한 성과를 거두었다.

여름이 다 갈 무렵 영국을 방문한 알렉산더 자멘호프는 《Brita Esperantisto(영국 에스페란티스토)》지에 러일전쟁에서 군의관으로 참전한 자신의 경험을 기사로 실었다. 아서 항 포위 공격 당시 겪은 끔찍한 전쟁의 참상을 경험하고 다시는 전쟁을 용납하거나 전쟁에 참전할 수 없다고 결심했다. 일부 국가의 에스페란티스토들은 간첩 혐의나 애국심 부족을 이유로 박해를 받았다. 영국 에스페란티스토들은 전선에서 생명을 구하기 위해 구급차를 마련하는 성금을 모으기도 했다. 자멘호프는 자유가 보장되지 않는 나라에서 두려워하며 견뎌야 했다.

바르샤바는 말을 탄 코사크족을 포함하여 러시아 병사들로 가득했다. 러시아인들은 유대인이 사용하는 이디시어가 독일어와 비슷하다는 이유로 유대인들을 적대시했다. 러시아의 한 신문은 자멘호프를 '위험한 국제주의자'로 공격하는 기사를 실었다. 병들고 상처 입은 자멘호프는 무한한 비참함 속에서 여전히 낡은 타자기로 그의 작업을 계속했다.

자멘호프가 8월의 태양 아래 배고프고 목마르고 지친 채 만원 열차에 시달렸던 그 시간에, 유럽 어딘가에서 한 때는 잘생기고 자신만만했던 한 남자의 만신창이된 시신이 끌려져 내렸으니 바로 루이스 카우트랫이었다. 그는 1914년 8월 3일 숨을 거두었다. 루이스 보프롱은 1935년 1월 8일 죽었는데 말년을 몹시 외롭게 보냈다. 죽음이 임박했을 당시 그리베스네 근처의 라 홀리에라는 지역에 머물렀는데 그의 죽음을 알리는 부음도 반송이 가능한 엽서로 알려졌을 뿐이다. 카우트랫과 보프롱, 수수께끼같고 불행한 성격의 두 사람은 비밀에 싸인 채 죽어갔다.

전쟁 시작과 때를 거의 같이하여 자멘호프의 심장병은 악화했고 숨 쉬고 걷는 것 조차 점차 어려워졌다. 바르샤바의 생활 여건도 점점 어렵게 되어 식량부족과 흉흉한 소문, 공포 분위기의 긴장감이 감돌았다. 양쪽 전선에서 들려오는 대량 학살의 소식들은 자멘호프를 더욱 괴롭혔다. 그는 의사였기에 누구보다 고통과 죽음의 실체를 잘 알고 있어 죽음을 미화하는 어떤 이야기도 그를 속일 수 없었다. 러시아인, 폴란드인, 프랑스인의 희생 소식 못지않게 독일과 오스트리아인의 희생도 그에게는 슬픈 소식이었다. 왜냐하면, 고통과 공포로 인한 어려움은 모든 인간이 같기 때문이다.

1914년 8월, 독일군이 폴란드를 공격했다. 러시아 장군 니콜라스 대공은 갈리시아를 침공했고, 사이가 좋지 않았던 레빈캄프와 상스노브 휘하의 두 군대는 프로이센 동부를 침공했다. 그러나 얼마 지나지 않아 상스노브의 군대는 테넨베르그 전투에서 참패했고, 상스노브는 자결했다. 힌드브르그와 루덴도르프는 마수리안 호수 근처에서 레빈캄프를 격퇴하고 12,000여 명의 러시아 포로를 잡았다. 9월 힌드브르그는 동부전선의 독일군 사령관이 되었고 오스트리아와 연합으로 폴란드를 공격했다. 곧 봉맥켄슨 휘하 독일군대가 바르샤바로 진군했다. 상황은 끔찍했다.

러시아령 폴란드인들은 독일령의 폴란드인들을 어떻게 대했는지 잘 알고 있었다. 전쟁 초기 칼리즈라는 폴란드 마을은 전략적인 중요 지역이 아님에도 동부전선의 요점이 되었다. 독일군은 집안을 약탈하고 마을을 불태우고 수많은 민간인들을 처형했다. 이 야만 행위로 인해 대부분의 폴란드인들은 차르체제에서 느꼈던 것처럼 독일인에 대한 우호적 감정이 사라지고 원한을 갖게 됐다.

바르샤바는 방어하기 쉬운 도시가 아니었다. 1912년, 새롭고 튼튼한 요새를 짓기 위해 낡고 오래된 요새를 철거했는데 이후 건설이 미뤄진 채로 남아 있었다. 타인의 고통에 너무 민감해 일반의로 일할 수 없었던 직카 거리의 자멘호프에게도 멀리서 총소리가 점차 가까이 들려 왔다. 러시아 최고 사령부는 극동에서 동원된 시베리아 연대를 바르샤바로 이동시켜 바로 전선에 배치했다. 이 연대에는 폴란드인이 많이 포함되어 있었고, 바르샤바 인접 지역에서 소총과 총검으로 필사적 전투를 벌여 독일군은 후퇴하지 않을 수 없었다. 독일군이 후퇴한 후 잠시나마 무사를 축하하는 열기와 안도감으로 기쁨이 가득찬 휴일을 맞았다.

그러나 11월 중순, 터키가 러시아와의 전쟁에 돌입했고 그해 가을 러시아 군대는 비축한 탄약을 다 소진해, 독일보다 우수한 성능을 자랑하던 대포도 무용지물이 되어 버렸다. 바르샤바 공장에서 수류탄과 그밖의 군수물자를 만들었지만 매우 원시적 수준이었다.

폭설이 내리는 가운데 참호전을 벌이다가 포근한 겨울이 찾아왔고 다시 봄이 돌아왔을 때는 동부 프로이센과 카페시안지역에서 전쟁이 계속되었으나 바르샤바는 당분간 안전해 보였다. 한편 슬픔과 피로에 찌든 자멘호프의 건강은 완전히 나빠졌다. 1914년 11월 22일 밤, 클라라는 아들 의사 아담 자멘호프를 잠에서 깨워 심각한 협심증으로 하얗게 변해버린 채 침대에 누운 아버지를 돌보게 했다. 아담은 태어나 처음으로 금욕적인 아버지가 고통에 신음하는 소리를 들었다. 자멘호프는 식구들이 좀더 경험 많은 의사를 부르려는 걸 말렸다. 통증은 사라질 것이고 한밤중에 그리 다급하지 않으면서 의사를 부를 수 없다는 이유였다. 그러나 아담은 큐닝 박사를 불렀고 자멘호프는 이후 며칠간 침대에 누워서 보내야했다. 이 일 이후, 오전 진료는 아담이 맡았고 자멘호프는 오후 두 시간만 환자를 봤다. 아픈 몸으로 여전히 부지런히 책상에 앉아 일하는 자멘호프를 식구들은 걱정스레 지켜볼 뿐이었다.

자멘호프는 가까스로 영국으로 원고를 보내 《영국 에스페란티스토》지에 영어와 에스페란토로 기고했다. 이는 자멘호프의 정치적 유언이 되었다. 자신의 실명으로 쓴 이 글은 「대전 후, 외교관들께 보내는 호소」라는 제목이 붙었고 여러 다른 신문에도 게재되었다.

"무서운 전쟁이 전 유럽을 휩쓸고 있습니다. 문명 세계를 깊이 부끄럽게 하는 이 엄청난 상호 살육이 끝나면 외교관들은 모여서 다시 한번 민족 간의 관계를 정립하려 할 것입니다. 여러분 손에 미래의 질서가 달렸습니다. 역사상 가장 처참한 전쟁을 치르고 모인 여러분은 매우 위대하고 중요한 사명을 마주할 것입니다. 세계가 아주 오랫동안, 어쩌면 영원히 평화를 정착시킬 것인지, 아니면 단시간 불안한 평온을 누리다가 곧 새로운 민족 갈등과 새로운 전쟁이 발발하여 또 다시 혼란에 빠질 것인지는 바로 여러분의 손에 달렸습니다. 여러분은 유럽 지도에 새로운 경계선들을 긋는 일을 하려 하십니까? 단순히 A지역은 X의 소유고, B지역은 Y의 소유라고 결정하실 것입니까? 그런 일들이 여러분의 일이기는 하지만 해야 할 가장 중요한 일은 아닙니다. 여러분들의 일이 아무런 성과를 거두지 못한다면 여러분의 일은 무가치한 것이 되고, 지금껏 흘린 피의 희생은 헛된 것이 될 것입니다. 여러분이 아무리 여러 민족을 만족시키고 공평하게 대하려 한다 해도 지도를 다시 그린다고 해서 얻을 수 있는 것은 아무 것도 없습니다. 한 민족에게 명백한 정의가 다른 민족에게는 불의가 될 것이기 때문입니다. 현재는 고대처럼 한 민족이 아니라 여러 민족이 서로 피를 섞어가며 사는 시대입니다. 만일 여러분이 이 땅이나 저 땅이 이 민족, 혹은 저 민족의 것이라고 결정한다면, 그것은 정의를 실천하는 길이 아니며 그 땅을 둘러싼 미래의 전쟁을 막을 수 없게 될 것입니다"

그렇다면 자멘호프는 외교관들에게 무엇을 원했던 것일까?

"유럽 열강의 공식적이고 확고한 결정으로 다음과 같은 원칙을 큰 소리로 선포해 주십시오. 이것은 매우 기본적이고 당연한 것이지만 지금까지 지켜지지 않은 것입니다. '모든 땅은 도덕적으로나 물질적으로 거기서 태어난 모든 자손들이 동등한 권리를 갖는다' 라고 말입니다"

자멘호프는 자신이 오랫동안 가져온 원칙을 확대하여 1915년에 더 놀라운 제안을 내놓았다.

"크고 작은 개개의 국가로 구성된 유럽보다, 언젠가 인구와 지역에 따라 비례적으로 재조정된 유럽합중국을 갖는 것이 최선입니다. 그러나 아직 이에 대해 말하기가 시기상조라면, 적어도 이렇게 정의된 원칙을 공식적이고 합의된 방식으로 받아들임으로써, 국토와 국민을 동일시해 발생하는 끊임없는 갈등의 근원을 제거해야 합니다. 그러면 다시는 나라가 위험해 처했다고 말할 이유가 없어집니다. '나라가 위험하다' 는 말은 누군가 우리 땅의 일부를 떼어내 바다에 던지거나 주민들의 재산을 강탈한다는 뜻이 아닙니다. 이 말은 '어떤 영토에서 지금까지 내 민족이 지배자였고 다른 사람들은 어느 정도만 용인되었는데, 내일은 다른 민족이 내 영토의 지배자가 되고 내 민족은 단지 용인될 것이라는 위험을 말합니다. 소수민족에 대한 모든 억압을 없애는 것이야말로 민족 간 전쟁의 원인을 없애는 것입니다. 나는 외교적인 노력만으로 민족 간의 분열, 증오가 하루아침에 없어지지 않는다는 것을 잘 알고 있습니다. 설교하고 교육하는 일은 개인의 노력과 민간 차원의 일입니다.

그러나 나는 무엇보다도 외교관 여러분들이 이런 일을 담당해 주기를 바랍니다. 자유롭고 평등한 권리를 가진 사람들에게 형제애를 심는 것은 쉽지만, 자신들이 타고난 주인이라고 여기는 사람들에게는 불가능한 일입니다."

자멘호프는 인류인주의의 핵심이었던 국가의 인종적 명칭이 폐지되기를 원했다. 그리고 유럽 열강들이 합의 하에 설립된 범유럽 상설재판소의 설립을 원했다. 그의 호소는 다음과 같이 끝난다.

"외교관 여러분, 인류를 흉포한 짐승보다 더 비열하게 만든 참혹한 전쟁 이후, 유럽은 여러분에게 평화를 바라고 있습니다. 짧은 평화가 아닌, 인류 문명에 합당한 영속적인 평화를 바라고 있습니다. 하지만 기억하십시오, 기억하십시오, 기억하십시오 그런 평화를 달성할 유일한 방법은 전쟁의 주된 원인, 즉, 한 민족이 다른 민족을 지배하는 것을 영원히 없애는 것입니다."

1919년 자멘호프의 호소를 접한 대부분의 사람들은 아마도 그가 너무 순진한 생각을 하고 있다고 생각했을지 모른다. 하지만 1959년에는 상황이 많이 변모하여 자멘호프가 원했던 일이 상당 부분 성취되었고 적어도 그런 움직임이 보였다. 단지 자비와 이성의 조화만은 아직도 요원한 듯했다.

5월에는 동부전선에서 러시아군을 향한 새로운 공격이 시작되었다. 러시아군은 군수품과 포병, 심지어 의복까지 부족하여 거의 무력한 상태였다. 6월이 끝날 무렵 독일군과 오스트리아군은 이미 남쪽으로 거의 100마일이나 진격해 들어와 엄청난 수의 포로를 잡았고 적군의 사기를 완전히 떨어뜨렸다. 7월 1일 2차 대공격이 시작되었다. 바르샤바에는 다시 한번 독일군이 진격해왔고 직카 거리에도 대포소리가 끊이지 않았고 폭격도 있었다. 8월 4일에서 7일에 이르는 동안 독일군은 바르샤바를 거쳐 빌나로 진격했다.

점령지에 있다는 것은 암울하고 굴욕적 경험이지만 1915년의 바르샤바에는 어느 정도 정상 생활이 가능했고 잔학행위는 없었다. 이는 독일군이 폴란드인에게 다소 동정적이었기 때문이다.

11월 5일 오스트리아와 독일황제는 폴란드를 그들의 동맹국으로 인정하고 폴란드 독립을 선언했다. 이는 바르샤바에 반가운 소식이었다. 자멘호프는 바르샤바의 더 쾌적한 지역으로 이사하면 건강에도 도움이 되고 산책도 더 많이 할 수 있을 것 같아 크롤레프스카 거리 41번지, 색슨 정원이 내려다보이는 아파트로 이사했다. 에스페란토를 위해 남은 여생을 바칠 수 있으면 좋겠다고 입버릇처럼 말해왔던 자멘호프는 이제 에스페란토에 훨씬 더 많은 시간을 할애할 수 있게 되었다. 그는 에스페란토 신문에 그의 저작권을 팔겠다는 광고를 냈지만 별다른 반응이 없었다.

자멘호프는 가끔씩 찾아주는 독일 에스페란티스토들의 방문과 제11차 세계 대회가 샌프란시스코에서 열렸다는 소식에 힘을 얻었을 것이다. 비록 16개국에서 163명의 참가자밖에 없었지만, 어느 정도 유용한 토대가 마련된 것이었다. 그런데 충격적 소식이 전해졌는데 영국 에스페란토 협회 회장이며 세계 에스페란토 협회 회장을 역임했던 볼링브로커 무디의 사망 소식이었다. 열정적 에스페란토 활동으로 친구들에게 사랑을 받아온 사람이었고, 특히 자멘호프에게 각별한 애정을 받았던 인물이었다. 1916년 1월, 그가 타고 있던 차량이 열차에 충돌한 사고로 사망했다. 그의 나이 겨우 36살이었다.

젊은이들이 전사했다는 소식은 계속 이어졌다. 불렛은 24세의 아들을 잃었다. 1916년 12월 쁘리바가 바르샤바에 도착해 자멘호프와 시간을 보냈다. 건강은 조금 나아졌지만 조금 흥분하거나 피곤하면 가슴이 두근거렸다. 자멘호프는 전쟁에서 희생당한 젊은이들에 대해 "왜 내가 아니고 그들이어야 합니까?" 라고 자주 말했다. 쁘리바는 자멘호프를위로하기 위해 전쟁이 끝난 후에도 더 나은 세상을 위해 일할 필요성을 역설했다. 쁘리바는 자멘호프의 고된 여정을 덜어주기 위해 다음 대회는 폴란드에서 열릴 수 있도록 준비하고 노력했다.

자멘호프는 베른에서 인류인주의 대회를 열어보려 했고 날짜를 1916년 12월 말로 잡았다. 전쟁이 계속됨에 따라 날짜가 1917년 초로 연기되었다. 그의 사후 가족들은 "전쟁이 끝난 후…" 로 시작하는 많은 필사 원고들을 발견했다. 자멘호프는 일을 할 수 없을 때는 소파에 누워 일을 하기도 했다. 음악은 그에게 가장 큰 위안 중 하나였다. 아담이 아버지를 위해 첼로를 연주하고 리디아는 피아노로 반주를 했다. 외출할 수 있을 정도의 상태가 되면 딸이나 조카 중 한 명이 그를 데리고 라지엔스키 공원으로 나들이를 가곤 했다. 건강이 허락할 때마다 그는 하루에 몇 시간씩 번역에 몰두했다. 그를 가장 위로해준 방문객은 그라보스키였다. 당시 아담 미키에비츠의 『판 타데우스』를 번역하던 그의 번역은 에스페란토의 명작 고전으로 남아 있는데 그는 이 번역의 구절들을 자멘호프에게 읽어주곤 했다. 레오 벨몬트는 유창하고 활기찬 말 솜씨로 자멘호프에게 즐거움을 선사했고, 에스페란토뿐만 아니라 과학과 사회사업 분야에서 저명한 오도 부위드도 자주 그를 찾았고, 바르샤바 항구 책임자, 독일군 장교 노이바르트 소령도 가끔 방문했다. 딸 소피아는 카르코브에서 의사로 일하고 있어 방문할 수 없었다.

한동안 밤잠을 잘 수 없을 정도로 협심증 발작이 심해져 자멘호프는 신경이 몹시 예민해졌다. 의사는 담배를 끊어야 한다고 했고 그 자신도 몇 번이나 금연 시도를 했지만 담배 없이 일한다는 것은 그에게 고문과도 같았다. 그는 아무 일도 안 하면서 생명을 연장하느니 차라리 무언가를 성취하고 일찍 죽는 편이 낫다며 다시 담배를 피웠다. 1916년 10월부터 1917년 2월까지는 건강이 다소 회복되어 미래에 대한 계획을 세울 정도였다. 1917년 4월 초 날씨도 좋아져서 세상에 다시 희망이 찾아오는 듯 했다. 차르 황제는 3월에 퇴위했고 〈Ondo de Esperanto (에스페란토 물결)〉지는 사설에서 다음과 같이 노래했다.

"이것은 꿈인가? 우리가 정말 자유로운 시민이란 말인가? 우리의 손과 발은 더는 사슬에 매이지 않고, 우리는 자유롭게 숨 쉬고 생각하고 믿을 수 있다! 그렇다! 우리는 자유다!"

어느 성금요일 노이바르트 소령은 기차 안에서 몹시 침울한 그라보스키를 만났다. 자멘호프의 상태가 많이 악화한 것이다. 그라보스키는 코펜하겐을 통해 1916일 7월 27일 자멘호프의 동생 알렉산더의 부음을 들었다. 부고는 신문에도 났으나 자멘호프에겐 알리지 않았다. 알렉산더는 입대 명령을 받았지만, 러시아에는 양심적 병역 거부에 대한 규정이 없다는 사실을 알고 스스로 목숨을 끊음으로써 견딜 수 없는 도덕적 딜레마를 해결했다. 형제는 매우 가까운 사이였기 때문에 자멘호프는 동생이 무슨 고민을 했을지 알았을 것이다.

자멘호프는 협심증 발작을 연이어 겪었고 마지막 날은 악몽과도 같았다. 글을 거의 쓸 수 없었고, 담배도 피울 수 없었으며, 침대에 누워 있었다. 의사가 증상 악화로 반듯이 눕지 못하게 했지만 침대가 보이는 방에서 나갈 수 없었다. 그는 마치 악마로부터 심문받는 죄수처럼 밤낮으로 의자에 앉아 있어야 했고 심장은 힘겹게 뛰고 온몸은 고통스러웠다. 다른 사람들에게 고통을 줄까 봐 불평하지 않았지만, 죽는다면 빨리 죽고 싶다고 말한 적도 있었다. 4월 14일 큐닝 박사가 그를 봤을 때 자멘호프는 놀랄 정도로 기분이 회복돼 꿈 얘기를 하며 침대에 누워 자고 싶다고 했다. 4시 반 정도에 클라라가 큐닝 박사에게 자멘호프를 소파에 잠깐 눕히는 것이 어떻겠냐고 물었다. 의사도 동의했다. 클라라는 남편이 좀 더 편안한 자세를 취하도록 도와주다가 이내 그럴 필요가 없다는 걸 알았다. 자멘호프가 숨을 거뒀다.

책상 위에 그가 마지막으로 남긴 메모가 적힌 종이가 놓여 있었다.

"내가 지금 쓰고 있는 모든 것은 지금이 아니라 40여 년 전, 열여섯에서 열여덟 살쯤 되었을 때부터였다. 그 이후로 많은 사색을 했고 다양한 과학, 철학 서적들을 읽었지만, 신과 불멸에 대한 당시의 생각은 거의 변하지 않았다.

· · · · · · · · · · ·

과학계로부터는 인정을 못 받을 것이고, 동시에 신앙의 세계에서도 공격만 받을 뿐, 공감을 얻을 수 없을 것이다. 내 믿음은 그들의 믿음과 전혀 다르기 때문이다... 침묵을 지키는 것이 현명할지 모르지만..... 그렇게 할 수는 없다.

· · · · · · · · · · ·

어머니는 신앙이 있었고, 아버지는 무신론자였다. 어린 시절 나는 태어난 종교에서 가르친 대로 신과 영혼의 불멸을 믿었다. 내 인생의 어느 시점에서 종교적 신앙을 잃었는지 기억하지 못

하지만, 열 다섯이나 열 여섯 살쯤 불신앙의 최고 수준에 도달
했다는 것은 기억한다. 이 시기는 내 인생에서 가장 고통스러운
시기이기도 했다. 내 눈에 모든 삶의 의미와 가치는 사라져 버
렸다. 나는 나 자신과 다른 사람들을 경멸의 눈으로 바라보았고
나 자신이 어떤 이유로, 어떤 목적으로 만들어졌는지도 모르고,
영원의 한 순간만을 살다가 곧 영원히 썩어 사라질 무의미한
유기물질로 생각했다. 나는 왜 살고, 왜 배우고, 왜 일하고, 무
엇을 위해 사랑하는가? 참으로 무의미하고, 무가치하고, 터무니
없는 일이었다.

. . . .

나는 죽음이란 완전히 사라지는 것이 아닐지도 모른다는 느
낌을 받게 되었다.... 어쩌면 어떤 자연의 법칙이 존재하고... 어
떤 것이 무언가가 나를 높은 목적을 위해 예비하고 있다는 것
을 느끼게 되었다.....

22장 불멸성

정상적이었다면 루드빅 자멘호프의 장례식은 적어도 유럽 전역에서 온 에스페란토 대표들이 참석한 가운데 치러졌을 것이었다. 그러나 전쟁 때문에 그러지 못했다. 4월 16일 오후 3시, 장례행렬은 크롤레프스카 거리 41번지에서 출발했다. 가족들과 바르샤바의 에스페란티스토들, 그리고 그의 가난한 환자들 다수가 함께 했다. 외국인으로서는 노이바르트 소령과 다른 독일인한 명뿐이었다. 느린 행렬이 섹슨광장을 지나 비에츠보바 거리, 비엘란스카 거리, 나레우키 거리, 직카 거리, 게시아 거리를 지나 오코포와 거리와 유대인 공동묘지로 향하는 동안 검은 행렬의 길이는 점점 길어졌다.

장례식에서 레오 벨몬트는 폴란드어로 자멘호프를 자애로운 아버지, 인간의 모범, 완전한 형제, 헌신적인 친구, 사려 깊은 의사, 가장 따뜻한 마음의 소유자라고 추모연설을 했다. 그라보스키는 에스페란토로 조사(弔辭)를 했고, 많은 애도객들은 회당 밖에서 비를 맞으며 침묵을 지켰다. 노이바르트는 독일 에스페란티스토들을 대표해 에스페란토에 대한 헌신을 잃지 않을 것을 약속했다. 그러나 그는 이것이 얼마나 암울한 예언인지 알지 못했다. 자멘호프의 무덤은 처음에는 난간과 그의 이름, 사망일, 그리고 '에스페란토 창안자'라는 글귀가 새겨진 작은 돌로 장식되었다. 하지만 이후 전 세계적인 모금을 통해 더 적절한 기념비로 바뀌었다.

자멘호프의 사망 소식이 전 세계로 퍼지면서 세계 곳곳에서 추모식이 열렸다. 1918년 5월 영국에서 열린 추모회에서 H.G. 웰스는 자멘호프를 세계주의 이상을 가진 가장 훌륭했던 인물이며 인류에게 보석 같은 존재였다고 기렸다. 이스라엘의 장월은 "자멘호프가 바벨의 저주를 풀고자 했다면 그것은 예루살렘에 평화를 가져오기 위해서였다" 라는 말이 담긴 장문의 편지를 보냈다. 폴란드 일가의 하인으로 일생을 보낸 한 가톨릭교도 여인은 자멘호프의 사진을 십자가 밑에 걸었는데, 방문객들에게 그 사진을 가리키며 "그는 결코 죄를 지은 적이 없다" 라고 말하곤 했다. 1917년 5월 6일, 런던 헤어코트 교회에서 열린 추모제에서는 폴렌 대령, 영국 에스페란토 협회장 마봉와덴이 연설했고 자멘호프 기념비 건립을 위해 모금에 앞장 섰던 애풀바움이 시편을 낭독했고 에스페란토 찬가를 불렀다.

난민으로 영국에 머물고 있던 벨기에 에스페란토 지도자 포올 불레이즈는 자멘호프의 이사야 번역을 낭독했다.

"Ĉar li elkreskis antaŭ Li kiel juna branĉo kaj kiel radiko

el tero senakva; li ne havis staturon nek belecon; ni rigardis lin, sed li ne havis aspekton, per kiu li plaĉus al ni. Li estis malestimata kaj evitata de homoj, viro suferanta kaj malsana; kaj kiel iganta deturni de li la vizaĝon, li estis malestimata, kaj li havis por ni nenian valoron. Vere, niajn malsanojn li portis sur si, kaj per niaj suferoj li sin ŝarĝis; sed ni opiniis lin plagita, frapita de Dio, kaj humiligita.

Tamen li estis vundita pro niaj pekoj, dispremita pro niaj krimoj; puno por nia bono estis sur li, kaj per lia vundo ni saniĝis."

"그는 주 앞에서 자라나기를 연한 순 같고 마른 땅에서 나온 뿌리 같아서 고운 모양도 없고 풍채도 없은즉 우리가 보기에 흠모할 만한 아름다운 것이 없도다. 그는 멸시를 받아 사람들에게 버림 받았으며 간고를 많이 겪었으며 질고를 아는 자라 마치 사람들이 그에게서 얼굴을 가리는 것 같이 멸시를 당하였고 우리도 그를 귀히 여기지 아니하였도다.

그는 실로 우리의 질고를 지고 우리의 슬픔을 당하였거늘 우리는 생각하기를 그는 징벌을 받아 하나님께 맞으며 고난을 당한다 하였노라. 그가 찔림은 우리의 허물 때문이요, 그가 상함은 우리의 죄악 때문이라. 그가 징계를 받으므로 우리는 평화를 누리고 그가 채찍에 맞으므로 우리는 나음을 받았도다."

9월 무렵 에밀 보이락도 세상을 떠났다. 그의 아내는 갑작스런 병으로, 두 아들은 전쟁으로 그보다 먼저 세상을 떠났다. 전쟁이 아직 진행 중이었지만 에스페란티스토들의 활동은 계속되었는데 때로는 예기치 못한 이상한 일에 접하기도 했다. 세계 에스페란토 협회 사무국은 스위스에 있었고 《Esperanto》라는 잡지가 1915년에 재발간되었으며, 호들러는 전쟁으로 헤어진 가족들의 재회를 돕는 일을 했다. 전쟁이 끝날 무렵에는 매일 서신 2, 3백 통을 전달하며 20만통의 서비스를 제공했다.

호들러는 36세로 1920년 3월 세상을 떠났다. U.E.A(세계 에스페란토 협회)라는 유산을 남겨 놓았고 완전한 통합 조직에 대한 소망을 담은 메모를 남겼는데, 이는 얼마 지나지 않아 실현되었다. 2차대전이 일어나기 전까지 에스페란토 세계 대회는 매년 개최되었다. 클라라는 프라하 대회(21), 헬싱키 대회(22), 뉘른베르그 대회(23)에 참석했고, 암투병 중 아픈 몸을 이끌고 빈 대회(24)에 마지막으로 참석한 후 1924년 11월 사망했다.

공식 에스페란토 운동은 언제나 엄격한 정치적, 종교적 중립성을 지켰다. 유진 아담이라는 프랑스 에스페란티스토는 '란티'라는 필명으로 더 유명했는데, 매우 지적이고 평범한 노동자였던 그는 서부전선의 구급차 부대에서 에스페란토를 독학한 사람으로 1921년, 무국적세계협회 (SAT: Senacieca Asocio Tutmonda)를 창립했다. 이는 좌파적인 의식 운동이었지만 교조적이지 않았다. 한때는 UEA와 SAT에 동시 가입을 할 수 없었지만 지금은 개인의 양심에 맡겨져 있다. SAT는 처음 러시아 새정부의 적극적 지원을 받았지만 1930년 러시아 지부와 나머지 SAT 사이에 심각한 균열이 발생한 이후 지금은 확실히 비공산주의자들로 구성되었다. 이 단체는 높은 수준의 잡지 2개를 발간하고 매년 대회를 개최하며 여러 에스페란토 고전과 함께 지금까지 나온 사전 중 최고를 자랑하는 거대한 사전 P.I.V(Plena Ilustrita Vortaro)를 출판하는 등 훌륭한 교육 사업을 전개하고 있다.

전쟁기간 중에도 에스페란토는 국제관계에서 점점 더 많이 사용되었다. 전보(電報)에 적당한 언어로 판명되었고 방송에 많이 사용되었고 점점 많은 학교에서 가르치고 있고 정보제공이나 선전 목적으로, 특별분야의 전문 집단에서 사용됐고 상업적 목적으로도 사용되었다.

1920년 부다페스트에 아주 뛰어난 활동을 전개한 에스페란토 모임이 결성되었는데 이들은 문학학교를 개설하여 에스페란토 문학의 수준을 극적으로 끌어올렸다. 모국의 고전 작품을 에스페란토로 옮긴 작품이 상당수 존재했지만 1922년 이전의 에스페란토 문학은 대부분 아마추어적 정신으로 접근한 것이었다. 초기 에스페란토 문학은 언어적, 예술적으로 미숙함이 있어 비평가들로부터 불신받기도 했다. 부다페스트 문학학교는 자멘호프나 카베, 그라보스키가 갖고 있던 높은 수준의 전문적 기준을 에스페란토 문학에 도입했다. 이 중 가장 뛰어난 인물은 1929년부터 부다페스트 병원의 주치의를 지낸 의사 칼리만 칼로차이였다. 다소 루시퍼적 미모와 품위, 고운 목소리를 지닌 그는 1913년 에스페란티스토가 되었고, 이후 낭송가, 배우, 작가로서 뛰어난 재능을 보여주었다. 그는 번역과 독창적인 글쓰기에 전념했고, 높은 수준의 에스페란토 문학지 Literatura Mondo (문학 세계)의 편집장도 맡았다. 그는 헝가리 민요, 페토피의 시, 마닥의 〈인간의 비극〉, 카린티의 드라마, 괴테의 일기와 로마의 엘레지, 예술의 역사, 그리고 그의 최고의 번역작인 단테의 〈인페르노〉 등을 번역했다. 그는 세계 주요 언어의 시선집과 헝가리 시 대부분을 번역했고 Hungara Antologio (헝가리 문선집)을 출간했다. 영어 원서 번역을 기준으로 봤을 때 그의 번역은 분위기와 의미까지 매우 정확히 표현했고 모범적인 에스페란토 스타일과 완벽한 운율을 결합했다. 그는 두 권의 비평서를 썼지만, 그의 가장 뛰어난 작품은 1939년 출간된 두 권의 시집, Streĉita Kordo (늘어난 끈)와 나중에 출간된 소책자 Izolo ('고립')에서 찾아볼 수 있다. 그의 작품은 몇몇 어휘를 새로 만든 것에 대한 사소한 논쟁으로 인해 빛이 가려졌지만 에스페란토 문학계에 마침내 두 번째 천재가 나타났다는 인정을 받았다. 그의 낭만주의는 아이러니와 리얼리즘으로 잘 조화를 이루었고, 헝가리 시에서 발견되는 강인함을 담고 있었다. 칼로차이 이후에는 에스페란토가 시에 적합한 언어가 아니라는 주장을 다시는 할 수 없게 되었다.

율리오 바기는 1차 세계대전으로 시베리아의 러시아 포로수용소에서 6년 간 고통을 겪기 전까지 전문 배우로 활동한 인물이다. 수용소 생활로 그의 건강은 영구적인 장애를 입었지만 이 두려운 시기 동안 에스페란토 최고의 소설 두 편, Viktimoj(희생자)와 Sur la Sanga Tero(피어린 땅에서)가 탄생했다. 수용소 생활 중 다양한 국적의 수감자들에게 에스페란토를 가르치면서 첫 시를 썼고 그후 소설, 단막극, 시, 단편소설, 교과서를 집필했다. 헝가리 에스페란토 운동의 주요 활동가로 유럽 전역을 돌며 에스페란토 강좌를 열었고, 수년 동안 에스페란토 운동에 헌신했다. 바기는 칼로차이처럼 세련된 예술가는 아니었고, 대담하고 따뜻한 스타일에서 때때로 감성주의로 빠져들기도 했다. 하지만 그는 전문 이상의 실력을 가진 작가로 최고의 경우 천재, 최악의 경우 훌륭한 저널리스트로 인정 받을만했다. 자멘호프의 정신적 전통을 이어받은 인물, 그리고 모든 에스페란티스토 중 가장 사랑받는 사람이 된 천재적인 애정을 가진 작가로 남아있다.

부다페스트 문학학교의 다른 유명 멤버들은 단편소설의 유능한 작가이자 에스페란토 문학잡지를 편집하고 있는 페렌츠 실라기, 뛰어난 산문 번역가인 카를 올리보도, 최초의 진지한 에스페란티스토 비평가 중 한 명인 라조스 토체, 번역가이자 선전가로 알려진 라즐로 할카 등이 있다. 리테라투라 몬도(문학세계)는 1939년까지 높은 문학적 수준으로 꾸준히 에스페란토 책 시리즈를 출간한 출판사이자 잡지명이다.

에스페란토 발전에 크게 기여한 또 다른 인물은 안드레오 체다. 그는 루마니아 목사로 에스페란토에 헌신한 공로를 인정받아 나중에는 에스페란토에 전념할 수 있는 권한을 교회 당국에서 부여받았다. 독창적이고 기발한 선생이었던 체는 단시간에 학습 교재 없이 에스페란토를 배울 수 있는 '직접학습' 방식을 고안해 냈다. 루마니아, 폴란드, 헝가리, 에스토니아, 라트비아, 독일, 노르웨이, 프랑스, 스위스, 네덜란드에서 에스페란토를 가르치면서 그의 독특한 '체 교육방식(Csech-Metodo)'을 완성했다. 앞서 율리오 바기도 그의 방식으로 공부한 사람 중 하나였다. 체는 문법 교육 없이 학생들 스스로 문법을 추론할 수 있도록 했고 이를 위해 장난감 동물 같은 재미난 교보재를 만들어 썼다. 그의 학습은 '대화' 중심이었고 모국어를 사용하지 않았으며 재미있는 농담과 광대놀음 같은 것으로 꾸며졌다. 이 방법은 에스페란토 교육에 일대 혁신을 가져왔고 대중 강습을 즐거운 것으로 만들었다.

　　1933년까지 에스페란토는 완전히 살아있는 언어이며, 완벽한 문학적 가능성을 지니고 있고 실용적 유용성을 갖춘 언어임이 명확히 입증되었다. 그러던 중 1933년, 독일에서 히틀러가 권력을 잡았다.

23장 검은 스와스티카(卍)와 녹색별

에스페란토는 나치가 가장 증오하는 거의 모든 것을 포함하고 있었다. 만약 어떤 통치 집단이 인간과 창조 정신에 억압을 가하는 정신병적 집단이라면, 이 집단의 통치는 한밤중의 악몽 같은 사악함과 증오심을 인간에게 펼치는 것이나 다름없다.

에스페란토는 유대인이 만들었고 세계주의와 휴머니즘의 소산이며, 고유한 문화를 갖고 있었고 슬라브적 요소도 일부 포함했다. 또 해외와 폭넓게 접촉하기 때문에 정치적 선전에 속기 쉽지 않았고, 관대함, 인내, 합리성을 장려하는 것이었다. 1933년 독일에서는 에스페란토 운동이 많은 곤란에 직면했는데 나치들의 상징, 스와스티카(卍)가 에스페란토의 상징, 녹색별을 제압한 형국이었다.

히틀러 치하의 독일에서 에스페란토를 학습하면 사형에 처해진다는 소문이 떠돌았으나 밝혀지진 않았다. 많은 독일 에스페란티스토들이 나치 강제수용소에서 끔찍한 고통을 당한 후 사망한 것은 분명하지만, 그들 대부분은 유대인이었거나 박해받던 유대인을 보호했거나, 사회주의자, 공산주의자 등 다른 '범죄'로 인한 죄목이었다.

매우 많은 독일 에스페란티스토들이 게슈타포의 조사를 받고 체포되었으며 에스페란토 서적들은 압수되고 훼손되었다. 《Heroldo de Esperanto(에스페란토 헤럴드)》지의 편집자인 테오 융 역시 반복적으로 게슈타포에 심문을 받아 1936년 전 재산과 인쇄기를 버리고 네덜란드 망명길에 올랐다. 천신만고 끝에 네덜란드에서 인쇄소를 다시 열고 출판을 재개했다. 네덜란드가 점령되자 게슈타포의 감시가 다시 계속되었으며 1941년 4월, 나치들은 네덜란드에서 에스페란토 운동을 체계적으로 파괴하기 시작했다. 개인 도서관을 포함한 책들이 압류되었고, 에스페란토 학회의 재산이 압수되었다. 융은 점령국의 다른 에스페란티스토들처럼 또다시 망명 길에 올랐다. 독일 에스페란티스토들은 활동이 금지된 후에도 개인적인 용기를 보여주었다. 반나치 전단을 관광안내서나 반유대주의 신문 속에 숨겨 해외로 돌렸다. 1938년 나치가 오스트리아로 진격해 오자 이곳에서도 에스페란토 운동을 계속할 수 없었다. 휴고 스타이너는 게슈타포가 국제 에스페란토 박물관을 폐쇄하고 기금을 강탈한 것을 알게 되었다. 그의 집도 수색당해 많은 에스페란토 보물들이 압수되었고 그 자신도 3개월간 투옥되었다. 후에 작성한 전쟁보고서에서 그는 "다행히도 나는 감방에서 늘 탁월한 동료들과 함께 있었는데, 저명한 사람들만 체포되었기 때문이다" 라고 재치있게 회고했다. 그는 감방에서 동료에게 에스페란토를 가르쳤고 풀려난 후 1945년까지 계속 게슈타포의 감시를 받았다. 다행히 이 박물관의 재산 대부분은 파괴되지 않았고 단지 봉인되어 있었다. 슈타이너의 친구이자 조력자였던 구스타프 베버는 빈에서 강제 노역을 하던 프랑스 에스페란티스토와 우호적으로 접촉한 '죄목' 으로 마우트하우젠의 강제수용소로 보내졌고, 그곳에서 말할 수 없는 고통 끝에 연합군이 도착하기 불과 14일 전 사망했다.

제네바에 있는 세계 에스페란토 협회(U.E.A)는 전쟁 난민 구호사업을 벌였는데 폴란드인들이 영국에 도착하도록 돕거나 일부 루마니아 에스페란티스토들을 구출했다. 에스페란티스토 난민에 대한 원조 조직은 나치와 친나치의 방해를 받았지만, 1914~18년의 경험을 바탕으로 에스페란티스토의 편집자인 한스 야콥과 그의 친구들은 인내심을 보이며 견뎠다. 한스는 스위스가 침공받으면 협회의 모든 기록과 문서들을 없앨 준비를 하고 있었다. 히틀러는 특히 에스페란토에 특별한 증오심을 가졌는데 에스페란토가 진보적이고 인간적인 영향을 끼쳤을 뿐아니라 유대인이 만든 언어였기 때문이었다. 그는 "나의 투쟁"에서 유대인들이 세계를 점령할 목적으로 세계어를 만들려 할 것이라고 했다.

이탈리아의 무솔리니 파시스트 정권은 크게 반유대적이지 않았고, 무솔리니 자신도 에스페란토에 매우 호의적이어서 수년 동안 이탈리아 에스페란토 운동은 파시즘 아래서도 살아남아 1935년 로마에서 세계 대회를 유치할 수 있었다. 이런 타협은 대부분의 이탈리아 에스페란티스토들에게 불편한 일이었겠지만, 에스페란토 운동을 살릴 수 있었다. 점차 유대인들에 대한 적대감이 커지면서 이탈리아 에스페란토 협회는 유대인 회원들을 추방해야 했다. 1939년에는 1년에 6회 발행되던 4쪽 분량의 에스페란토 신문이 '종이 절약'을 빌미로 금지되었다. 오스트리아 에스페란토 교사이자 시인이었던 니콜라스 호보르카가 1938년 체포되어 1942년까지 다하우에 수감되었다. 에스토니아의 저명한 에스페란티스토 헬미 드레슨은 1941년 나치에 의해 살해당했다. 많은 에스페란티스토가 프랑코 치하의 스페인, 나치 독일을 탈출해 미국, 남미, 영국으로 피난했다.

1939년 당시 루드빅 자멘호프의 직계 후손은 아들 아담, 그의 아내 완다, 당시 학생이었던 손자 루도비치, 그리고 아직 미혼인 두 딸, 소피아와 리디아다. 아담은 아버지의 직업을 이어받아 직카 거리에서 안과를 개업했는데, 직카 거리는 1937년부터 자멘호프 거리로 명명되었다. 완다 역시 안과의사로 남편 아담을 도왔다. 아담은 난시에 관한 중요한 연구 등, 안과분야에서 귀중한 연구 논문을 많이 썼고, 녹내장 수술을 유럽에서 최초로 시행한 의사 중 한 명이었다. 식구 모두가 에스페란토에 능숙했고 바르샤바 에스페란토 협회는 직카 거리 9번가에서 모임을 가졌다. 딸 소피아는 소아과 의사였고 크롤레프스카 41번에 살았다. 아담은 바르샤바의 대형병원인 시스테의 안과 과장이 되었고 아내 완다가 그를 도왔다. 진지하고 사려 깊은 여성으로 성장한 리디아는 1925년 바르샤바 대학에서 법률을 전공했으나 학위 취득 후 전적으로 에스페란토에 전념했다. 그녀는 많은 나라에 에스페란토 강연 여행을 다니며 에스페란토 교사로 활동했고 셍케비치의 〈쿼바디스〉와 기타 폴란드의 고전들을 번역했다. 아버지의 인류인주의에 동조한 그녀는 바하울라가 창시한 바하이교 신자가 되었다. 바하이교는 '절대 악은 존재하지 않으며, 악은 단지 어떤 것의 부족'이라고 가르친다. 또한 내세의 존재를 인정하고, '타고난 본능 자체는 악이 아니라 그 방향을 잘못 잡을 뿐이다', '술, 담배, 마약은 금지되지만 극심한 금욕주의는 강요하지 않는다', '너희를 위해 창조된 것들을 스스로 빼앗지 말라.'고 가르친다. 리디아가 바하이교에 호감을 느낀 것은 하나님을 통해 인류의 단결을 이룩하고자 했던 바하울라의 가르침에 공감한 때문이었다. 진리를 구하려는 노력은 인간의 의무이며, 진리는 원하지 않는 사람에게 진리를 강요해서는 안 되며, 어떤 진리는 영원하지만 어떤 가르침은 특정 시대의 필요에 맞게 조정된다. 사회는 더 많은 자유를 누리는 방향으로 발전해야 하나 완전한 평등은 가능하지 않고 극단적인 부나 가난은 사라져야 한다. 인간을 위한 복지와 유익한 일은 계속 이루어져야 하고 유용한 노동은 인간의 보편적 의무다. 남녀는 동등한 권리를 가졌고 비폭력을 가르치고 원수 갚음은 금해야 한다. 바하이교는 병역을 거부했다. 바하이 선지자

압둘 바하는 에스페란토의 이념에 동의해 바하이 교도에게 에스페란토 학습을 권장했다. 인도주의적이고 진보적인 이 종교는 한계가 있긴 했지만, 미신도 아니고 도피주의도 아니었다. 또한 나치즘과는 정반대였다. 1939년 리디아는 긴 미국 여행을 마치고 폴란드로 돌아왔는데 당시 폴란드는 역사상 가장 흉악한 침략으로 인해 황폐화 돼 있었다. 9월 25일 밤, 클로레카 거리의 집은 폭격으로 전소되었다. 아담은 병원에 있었고 나머지 식구들은 화염에 휩싸인 집을 탈출해 피신했으나 자멘호프 가문의 보물인 편지, 필사본 원고, 훈장, 책, 개인유품 등 모든 것이 안타깝게도 모두 파괴되고 불타 버렸다.

나치의 정책은 폴란드와 유럽 전역의 모든 유대인을 전쟁이 종식되기 전에 몰살시키고, 폴란드인들은 독일인의 노예가 되게 하는 것이었다. 이 같은 야만적인 대량학살 외에도 나치는 자멘호프의 이름을 말살하려 계획했다. 바르샤바의 게슈타포 대장 마이싱어는 베를린으로부터 자멘호프 일가를 수감하라는 명령을 받았다. 아담은 병원에서 체포됐고, 완다, 리디아, 소피아도 뒤따라 체포되었다. 게슈타포는 삼촌 헨리마인의 집에서 열네 살짜리 손자 루도비치를 발견했지만 알 수 없는 이유로 삼촌만 데려갔다. 아담 자멘호프와 헨리 마인은 1940년 1월 28일까지 다닐로비초프스카의 폴란드 정치범 수용소에 수감된 기록이 있는데 아마도 이 날짜에 처형장 팔미리(Palmiry)로 이송되어 총살당한 것으로 보인다.

완다, 소피아, 리디아는 1940년 3월 5일까지 파위카 감옥에 갇혔다가 심문도 받지 않고 풀려났다. 1941년 잔인하고 야만적인 학대 속에서 살아남은 폴란드 유대인들은 게토로 몰려들었다. 40만 명의 유대인이 바르샤바 게토에 한 방에 6명에서 13명까지 밀집되어 문자 그대로 벽속에 갇힌 것처럼 살았다. 이 속에는 완다, 리디아, 소피아, 루도비치가 있었다.

비록 유럽 전체가 생지옥으로 변해가는 와중에도 에스페란티스토들은 자멘호프 가족을 구하려는 노력을 아끼지 않았다. 1940년 1월 제네바에 있던 한스 야곱은 이미 이들을 돕기 위해 모금하고 있었고 돈을 보낼 수 있는 모든 나라로부터 기부금을 받고 있었다. 1940년 3월, 야곱은 아담의 소식은 없지만 다른 가족들은 아주 극심한 빈곤에 처했으나 살아있다는 소식을 들었다. 몇 개의 식량소포를 보냈고 리디아를 미국에 보내려 했지만, 이 희망은 실현되지 않았다. 리디아가 야곱에게 보내 온 1941년 2월 2일자 카드에는 보낸준 소포에 대한 감사 글이 쓰여 있었다. 1942년 초에도 야곱은 여전히 구호소포를 보내기 위해 모든 기발한 방법을 동원했지만 4월에서 6월 사이 활동이 마지막으로 우편물 발송이 불가능해졌다.

1942년 8월 완다, 리디아, 소피아는 다시 게토에서 체포되어 트레블링카로 보내졌다. 기차로 실려 가던 도중 완다는 아들과 함께 도망쳤다. 전쟁이 끝날 때까지 그녀는 이름을 잘레스카로 바꾸고 고통스럽게 숨어지냈다. 한 어머니의 영웅적인 기지와 불굴의 의지가 역사상 가장 고대하고 무자비한 테러를 이긴 셈이었다. 하지만 소피아는 기차가 단순히 동부로 가고 있다고 믿고, 의사로서 동료들을 도울 수 있다고 생각해 트레블링카로 향했다. 두 달 후 리디아도 다른 기차에 태워져 트레블링카로 보내졌다.

트레블링카는 죄수를 수감하는 감옥이 아니라 폴란드와 다른 점령국에서 끌려온 유대인과 집시들만 보내진 죽음의 수용소였다. 1942년 6월 건설된 이 수용소는 일산화탄소로 질식시키는 13개의 가스실과 한 번에 2,500구의 시신을 태울 수 있는 화장터가 있었고, 금, 귀중품, 옷, 짐, 실내 장식용 머리카락 등 조금이라도 이용할 수 있는 것은 모조리 독일로 보냈다. 트레블링카에서 죽어간 유대인 수는 적게 잡아 73만 1,600명에 달했다.

1946년, 전쟁이 끝난 후 트레블링카에 남은 것은 지하실 통로, 불에 탄 기둥, 철조망, 도로 일부, 기구와 짐 더미, 재와 사람의 뼈, 인체 조직 조각으로 가득 찬 모래 토양에서 피어오르는 썩은 악취 뿐이었다. 그 오염된 땅 어딘가에 소피아, 리디아가 묻혀 있을 것이다. 완다는 교통사고로 사망한 1954년까지 살았다. 루도비치는 결혼해 두 딸을 두었고 엔지니어로, 열성적 에스페란티스토로 살았다.

전쟁의 상처가 지난 후 전쟁의 흔적을 간직한 채 중립적 토대 위에 새로 재조직된 세계 에스페란토 협회가 탄생했고, 휴고 스테이비르는 다시 활동을 재개해 에스페란토 박물관을 재건했다. 《에스페란토 해럴드》를 1946년 4월 14일 재발간했는데 첫 면에 리디아의 초상화와 함께 그녀가 다른 이들의 피해를 막기 위해 폴란드 에스페란티스토의 구출 제안을 거절했다는 기사가 실렸다.

전후 첫 번째 에스페란토 세계대회는 1947년 베른에서 열렸다. 대회는 전쟁으로 사망하고 실종된 에스페란티스토들의 가슴 아픈 명단을 발표했다. 레오 벨몬트는 1941년 자택의 폭격으로 지하실에서 죽었고, 프랑스의 저명한 에스페란티스토 에밀 보렐의 아들 게이 보렐은 레지스탕트로 활약하다 게슈타포에 체포되어 처형되었다. 어떤 에스페란티스토는 강제 노동 중에 탈진해 죽었고, 다른 에스페란티스토는 아우슈비츠에서 이질로 사망했다. 또 다른 에스페란티스토는 인질로 잡혀 총살당했고, 저항군 투사였던 체코의 에스페란티스토는 오랜 시간 고문 당한 후 총살당했다. 자멘호프 가족을 구하기 위해 야곱과 많은 서신을 주고받았던 에스토니아 에스페란티스토 니메 루우스는 1941년 실종되었는데 나치에 의해 살해된 것으로 추정된다. 세계 에스페란토 협회의 폴란드 수석대표 야콥 샤피로는 자멘호프가 태어난 비아위스토크에서 처형당했다. 방송 분야의 에스페란토 사용에 업적을 이룩한 체코 에스페란티스토 안토닌 슬라빅은 1939년 체포되어 사형 선고를 받은 후, 1943년 베를린에서 총살당했다.

세계 에스페란토 협회 명부에 기재된 인간적 고통의 의미는 참을 수 없는 수준이었다. 끔찍한 것은 명부에 기재된 회원들의 죽음에 '날짜 미상 … 날짜 미상 … 의 반복이었다. 이후 오랫동안 전쟁 후 에스페란토지에 실린 주제는 사라진 가족, 친척을 찾거나 굶주림에 처한 에스페란티스토들에게 도움을 요청하는 호소였다. 루마니아로 탈출한 체코의 한 에스페란티스토는 '아우슈비츠로 추방된 아홉 살짜리 딸과 일곱 살짜리 아들 소식을 알려달라' 고 간청했는데, 이는 수많은 호소문 중 하나였다. 세계 에스페란토 협회는 이들을 돕는데 전력을 다했지만, 흔적도 찾지 못한 일이 더 많았다.

에스페란토에 대한 소련의 정책은 많은 사실들이 밝혀지지 않았지만 알려진 것은 다음과 같이 요약할 수 있다. 1937년경부터 스탈린이 죽은 때까지 에스페란토는 부르주아 국제주의와 코스모폴리타니즘으로 간주되어 공식적으로 금지되었고 많은 활동가들이 투옥되거나 추방되었다. 전쟁 직후 모든 공산주의 국가에서 정도의 차이는 있지만 에스페란토 활동이 금지되었다. 그러나 스탈린이 죽은 후에는 상황이 급변해 에스페란토 운동이 허용되어 폴란드, 헝가리, 불가리아, 특히 유고에서 놀랄만한 발전을 보였고, 체코, 알마니아, 루마니아에서도 움직임이 일어났다. 동독에서도 척박한 상태로부터 조금씩 발전했다. 러시아 많은 도시에서도 에스페란토 모임이 결성되었고 중국에서도 다시 에스페란토 운동이 용인되었다.

에스페란토는 어떤 전체주의 정부의 입맛에도 맞지 않았다. 프랑코 치하의 스페인과 살라자르의 포르투갈에서 산발적으로 박해를 받았고 비교적 민주적인 국가에서도 폭압적인 성향의 독재자들에 의해 적지 않은 희생이 있었다. 하지만 전쟁이 끝난 후에도 에스페란토는 여러 분야에서 계속 발전했다. 공산국가를 포함해 세계 에스페란토 협회에는 1959년 기준 회원 3만여 명과 80여 개국에서 대표 3천 명이 있으며 유네스코와 협약관계를 맺었다. 지역 소식지나 소규모 개인 출판물을 제외하고도 89개의 에스페란토 잡지가 발행되었다. 에스페란토 문학은 급속도로 확장, 전파되어 나갔고 최초의 대규모 에스페란토 문선집이 출판되었다.

루드빅 자멘호프가 세상을 뜬 지 오랜 세월이 지난 1958년, 마인츠에서 열린 세계 대회에서 그의 영광이 재현되는 일이 벌어졌다. 이 이야기는 위대한 업적을 남긴 그의 이야기를 마무리하는 데 적절할 것이다. 에스페란토 창안자의 손자, 루도비치 자멘호프가 참석해 개막 연설을 한 것이다. 그는 침착하고, 잘 생기고 위엄 있는 모습으로 단상에 올라 이렇게 말했다.

"전쟁 전 대회 관습대로라면 자멘호프 가족 중 일부가 대회에서 인사하는 것이 전통이었습니다. 나 역시 몇 번 그런 영광스러운 일을 해본 적이 있습니다. 그러나 오늘 저는 변화를 드리고자 합니다. 자멘호프 가문 이름으로 인사를 드리는 대신, 이 대회에 참석하신 여러분 모두를 가장 고귀한 의미를 지닌 위대한 자멘호프 가족의 이름으로 인사드립니다."

편집실에서

1980년대 에스페란토를 학습한 이후 자멘호프 박사님을 알
게 되었습니다. 초급을 마친 뒤 자멘호프의 저술을 전부 모은
『Originala verkaro』를 2년에 걸쳐 다 독파했습니다. 그렇게
평생회원이 되고 평화와 내적 사상, 인류인주의, 1민족 2언어의
이상을 위해 마음을 쏟았지만 신앙생활과 직장생활에 몰두하다
보니 늘 운동의 언저리에서 구경꾼만 된 것이 못내 아쉽습니다.

2019년 명예퇴직 후 율리안 모데스트의 소설을 번역하면서
출판사를 차렸습니다. 여러 에스페란토 선생님들의 저서들을 펴
내면서 저도 수많은 명저를 번역·출판했습니다.

이번에 정원조 명예회장님께서 번역하신 『자멘호프 에스페
란토의 창안자』를 출판하게 되어 매우 영광스럽게 생각합니다.
코로나19 등 사정으로 예정보다 2년이 더 걸렸지만 좋은 책을
만들어 주신 번역가 선생님께 감사드립니다.

오태영(Mateno) 진달래출판사 대표

[진달래 출판사 간행목록]

율리안 모데스트의 에스페란토 원작 소설
- 에한대역본
　『바다별』(단편 소설집, 오태영 옮김)
　『사랑과 증오』(추리 소설, 오태영 옮김)
　『꿈의 사냥꾼』(단편 소설집, 오태영 옮김)
　『내 목소리를 잊지 마세요』(애정 소설, 오태영 옮김)
　『살인경고』(추리소설, 오태영 옮김)
　『상어와 함께 춤을』(단편 소설집, 오태영 옮김)
　『수수께끼의 보물』(청소년 모험소설, 오태영 옮김)
　『고요한 아침』(추리소설, 오태영 옮김)
　『공원에서의 살인』(추리소설, 오태영 옮김)
　『철(鐵) 새』(단편 소설집, 오태영 옮김)
　『인생의 오솔길을 지나』(장편소설, 오태영 옮김)
　『5월 비』(장편소설, 오태영 옮김)
　『브라운 박사는 우리 안에 산다』(희곡집, 오태영 옮김)
　『신비로운 빛』(단편 소설집, 오태영 옮김)
　『살인자를 찾지 마라』(추리소설, 오태영 옮김)
　『황금의 포세이돈』(장편 소설집, 오태영 옮김)
　『세기의 발명』(희곡집, 오태영 옮김)
　『꿈속에서 헤매기』(단편 소설집, 오태영 옮김)
　『욤보르와 미키의 모험』(동화책, 장정렬 옮김)

　- 한글본(오태영 옮김)
　『상어와 함께 춤을 추는 철새』(단편소설집)
　『바다별에서 꿈의 사냥꾼을 만나다』(단편소설집)
　『바다별』(단편소설집)
　『꿈의 사냥꾼』(단편소설집)

클로드 피롱의 에스페란토 원작 소설
- 에한대역본
『게르다가 사라졌다』(추리소설, 오태영 옮김)
『백작 부인의 납치』(추리소설, 오태영 옮김)

장정렬 번역가의 에스페란토 번역서
- 에한대역본
『파드마, 갠지스 강가의 어린 무용수』(Tibor Sekelj 지음)
『테무친 대초원의 아들』(Tibor Sekelj 지음)
『대통령의 방문』(예지 자비에이스키 지음)
『국제어 에스페란토』(D-ro Esperanto 지음, 이영구. 장정렬 공
　역, 진달래 출판사, 2021년)
『황금 화살』(ELEK BENEDEK 지음)
『알기쉽도록 〈육조단경〉 에스페란토-한글풀이로 읽다』(혜능
　지음, 왕숭방 에스페란토 옮김, 장정렬 에스페란토에서 옮김)
『침실에서 들려주는 이야기』(Antoaneta Klobuĉar 지음, Davor
　Klobuĉar 에스페란토 역)
『공포의 삼 남매』(Antoaneta Klobuĉar 지음, Davor Klobuĉar
　에스페란토 역)
『우리 할머니의 동화』(Hasan Jakub Hasan 지음)
『얌부르그에는 총성이 울리지 않는다』(Mikaelo Brostejn)
『청년운동의 전설』(Mikaelo Brostejn 지음)
『푸른 가슴에 희망을』(Julio Baghy 지음)
『반려 고양이 플로로』(크리스티나 코즈로브스카 지음, 페트로
　팔리보다 에스페란토 옮김)
『민영화도시 고블린스크』(Mikaelo Brostejn 지음)
『마술사』(크리스티나 코즈로브스카 지음, 페트로 팔리보다 에
　스페란토 옮김)
『세계인과 함께 읽는 님의 침묵』(한용운 지음)
『세계인과 함께 읽는 윤동주시집』(윤동주 지음)

- 한글본
『크로아티아 전쟁체험기』(Spomenka Ŝtimec 지음)
『희생자』(Julio Baghy 지음)
『피어린 땅에서』(Julio Baghy 지음)
『사랑과 죽음의 마지막 다리에 선 유럽 배우 틸라』
 (Spomenka Ŝtimec 지음)
『상징주의 화가 호들러의 삶을 뒤쫓아』(Spomenka Ŝtimec)
『무엇 때문에』(Friedrich Wilhelm ELLERSIE 지음)
『밤은 천천히 흐른다』(이스트반 네메레 지음)
『살모사들의 둥지』(이스트반 네메레 지음)
『메타 스텔라에서 테라를 찾아 항해하다』(이스트반 네메레)
『파드마, 갠지스 강의 무용수』(Tibor Sekelj 지음)
『대초원의 황제 테무친』(Tibor Sekelj 지음)

이낙기 번역가의 에스페란토 번역서
- 에한대역본
『오가이 단편선집』(모리 오가이 지음, 데루오 미카미 외 3인
 에스페란토 옮김)
『체르노빌1, 2』(유리 셰르바크 지음)

기타 에스페란토 관련 책
- 에한대역본
『에스페란토 직독직해 어린 왕자』(생 텍쥐페리 지음, 피에르
 들레르 에스페란토 옮김, 오태영 옮김)
『에스페란토와 함께 읽는 이방인』(알베르 카뮈 지음, 미셸 뒤
 고니나즈 에스페란토 옮김, 오태영 옮김)
『자멘호프 연설문집』(자멘호프 지음, 이현희 옮김)
『에스페란토와 함께 읽는 논어』(공자 지음, 왕숭방 에스페란
토 옮김, 오태영 에스페란토에서 옮김)
『우리 주 예수의 삶』(찰스 디킨스 지음, 몬태규 버틀러 에스
 페란토 옮김, 오태영 에스페란토에서 옮김)
『진실의 힘』(아디 지음, 오태영 옮김)
『자멘호프의 삶』(에드몽 쁘리바 지음, 정종휴 옮김)

- 한글본
『안서 김억과 함께하는 에스페란토 수업』(오태영 지음)
『인생2막 가치와 보람을 찾아』(수필집, 오태영 지음)
『에스페란토의 아버지 자멘호프』(이토 사부로, 장인자 옮김)
『사는 것은 위험하다』(이스트반 네메레 지음, 박미홍 옮김)

- 에스페란토본
『Pro kio』(Friedrich Wilhelm ELLERSIE 지음)
『Enteru sopirantan kanton al la koro』(오태영 지음)
『Kumeŭaŭa, la filo de la ĝangalo』(Tibor Sekelj 지음)

- 박기완 박사가 번역하고 해설한 에스페란토의 고전
『처음 에스페란토』(루도비코 라자로 자멘호프 지음)
『에스페란토 규범』(루도비코 라자로 자멘호프 지음)
『에스페란토 문답집』(루도비코 라자로 자멘호프 지음)

자멘호프 에스페란토의 창안자

인　쇄 : 2024년 2월 1일 초판 1쇄
발　행 : 2024년 2월 19일 초판 2쇄
지은이 : 마조리 볼튼 (Marjorie Boulton)
옮긴이 : 정원조(Puramo Chong)
교정교열 : 육영애, 오태영
펴낸이 : 오태영(Mateno)
출판사 : 진달래
신고 번호 : 제25100-2020-000085호
신고 일자 : 2020.10.29
주　소 : 서울시 구로구 부일로 985, 101호
전　화 : 02-2688-1561
팩　스 : 0504-200-1561
이메일 : 5morning@naver.com
인쇄소 : TECH D & P(마포구)

값 : 15,000원
ISBN : 979-11-93760-01-7(03790)